SIR DDINBYCH

BROYDD CYMRU 11

Sir Ddinbych

E. Gwynn Matthews

Argraffiad: Awst 2001

ⓗ *E. Gwynn Matthews/Gwasg Carreg Gwalch*

Cedwir pob hawl.
Ni chaniateir atgynhyrchu unrhyw ran o'r cyhoeddiad hwn, na'i gadw mewn cyfundrefn adferadwy, na'i drosglwyddo mewn unrhyw ddull na thrwy unrhyw gyfrwng, electronig, electrostatig, tâp magnetig, mecanyddol, ffotogopïo, recordio nac fel arall, heb ganiatâd ymlaen llaw gan y cyhoeddwyr, Gwasg Carreg Gwalch, 12 Iard yr Orsaf, Llanrwst, Dyffryn Conwy, Cymru LL26 0EH.

Rhif Llyfr Safonol Rhyngwladol:
0-86381-693-2

Lluniau: Bwrdd Croeso Cymru

Cynllun clawr: Sian Parri

Argraffwyd a chyhoeddwyd gan Wasg Carreg Gwalch,
12 Iard yr Orsaf, Llanrwst, Dyffryn Conwy, LL26 0EH.
✆ 01492 642031
📠 01492 641502
✉ llyfrau@carreg-gwalch.co.uk
Lle ar y we: www.carreg-gwalch.co.uk

Cynnwys

Daearyddiaeth Sir Ddinbych 7
Archaeoleg a Hanes Cynnar Sir Ddinbych 9
Cestyll Sir Ddinbych
    [a] Cestyll y Cymry 13
    [b] Cestyll y Normaniaid 14
Ffynhonnau a Chroesau Sir Ddinbych 16
Abatai a'r Gadeirlan 19
Plastai Dyffryn Clwyd yn Oes y Dadeni 25
Chwedlau a Bucheddau Saint 29
Dinbych – Y Dref a'i Henwogion 33
Trefi Sir Ddinbych 43
Pentrefi Sir Ddinbych 60
Sir Ddinbych Heddiw 98
Diwylliant a Hamdden 101
Llyfryddiaeth Fer 103

Cyflwynedig i Clare a Maura
'Dy bobl di fydd fy mhobl i'
2001

Cyfres Broydd Cymru

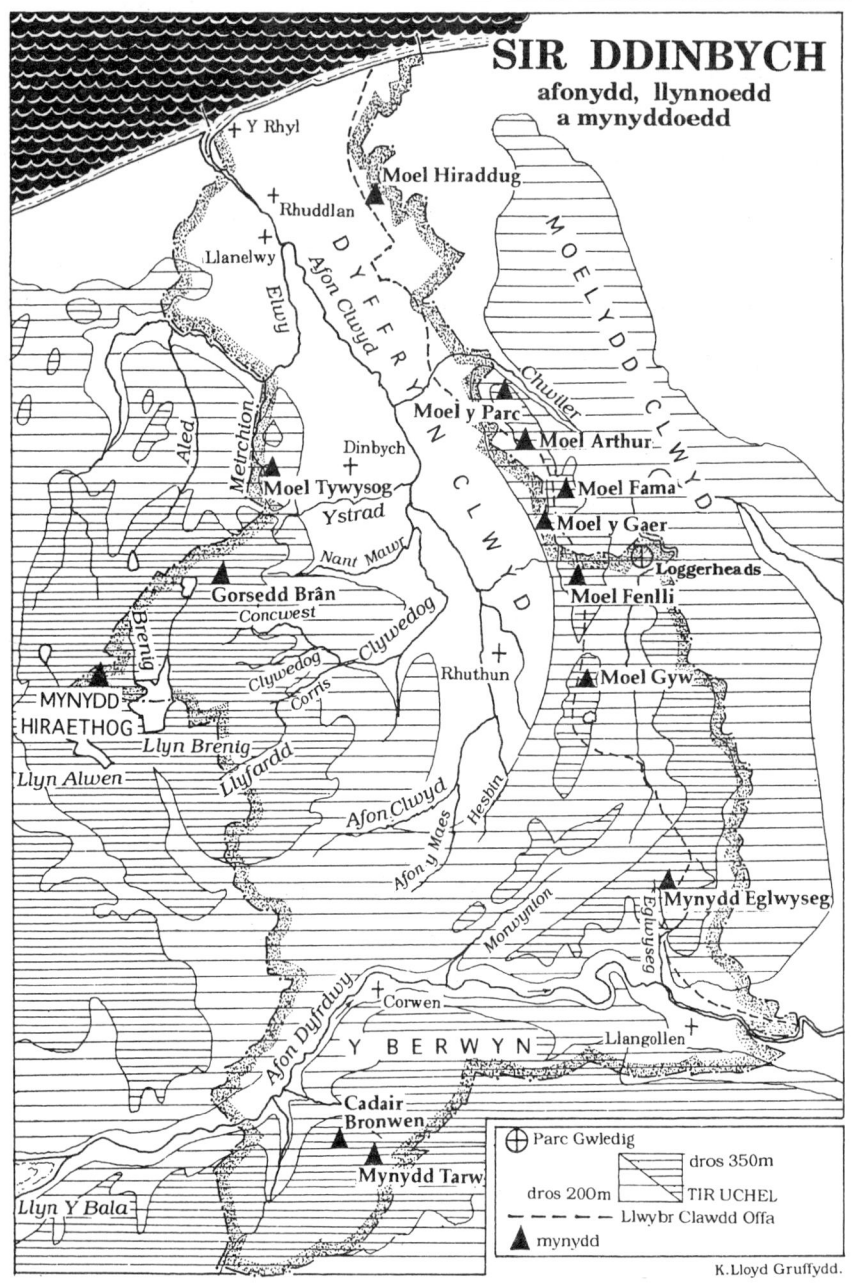

Daearyddiaeth Sir Ddinbych

Mae Sir Ddinbych yn ymestyn o'r darn hwnnw o arfordir sy'n cysylltu trefi gwyliau enwog y Rhyl a Phrestatyn yn y gogledd, i lawr drwy Ddyffryn Clwyd, hyd at Edeirnion a Dyffryn Llangollen. Mae holl daith afon Clwyd o fewn y sir, ac fel asgwrn cefn iddi yn llifo tua'r gogledd heibio Rhuthun, Llanelwy a Rhuddlan cyn cyrraedd y môr yn y Rhyl. Yn rhan ddeheuol y sir llifa afon Dyfrdwy o'r gorllewin tua'r dwyrain heibio Llandrillo, Cynwyd, Corwen, Carrog, Glyndyfrdwy a Llangollen. Ffurfir amddiffynfa fryniog i'r cyfan gan Fynydd Hiraethog i'r gorllewin, Y Berwyn i'r de a Moelydd Clwyd i'r dwyrain. Saif Moelydd Clwyd fel rhes o warchodwyr yn diogelu'r ffin ddwyreiniol, Moel Hiraddug (yn y gogledd), Moel Maenefa, Moel y Gaer (Bodfari), Moel y Parc (lle saif y trosglwyddydd), Penycloddiau, Moel Arthur, Moel Llys y Coed, Moel Fama (gyda stwmpyn tŵr ar ei ben), Moel Fenlli, Moel Eithinen, Moel Gyw, a rhyw bedwar o foelydd llai yn arwain at foncyn hanesyddol o waith dynol, Tomen y Rhodwydd ger Llandegla.

Cyfres Broydd Cymru

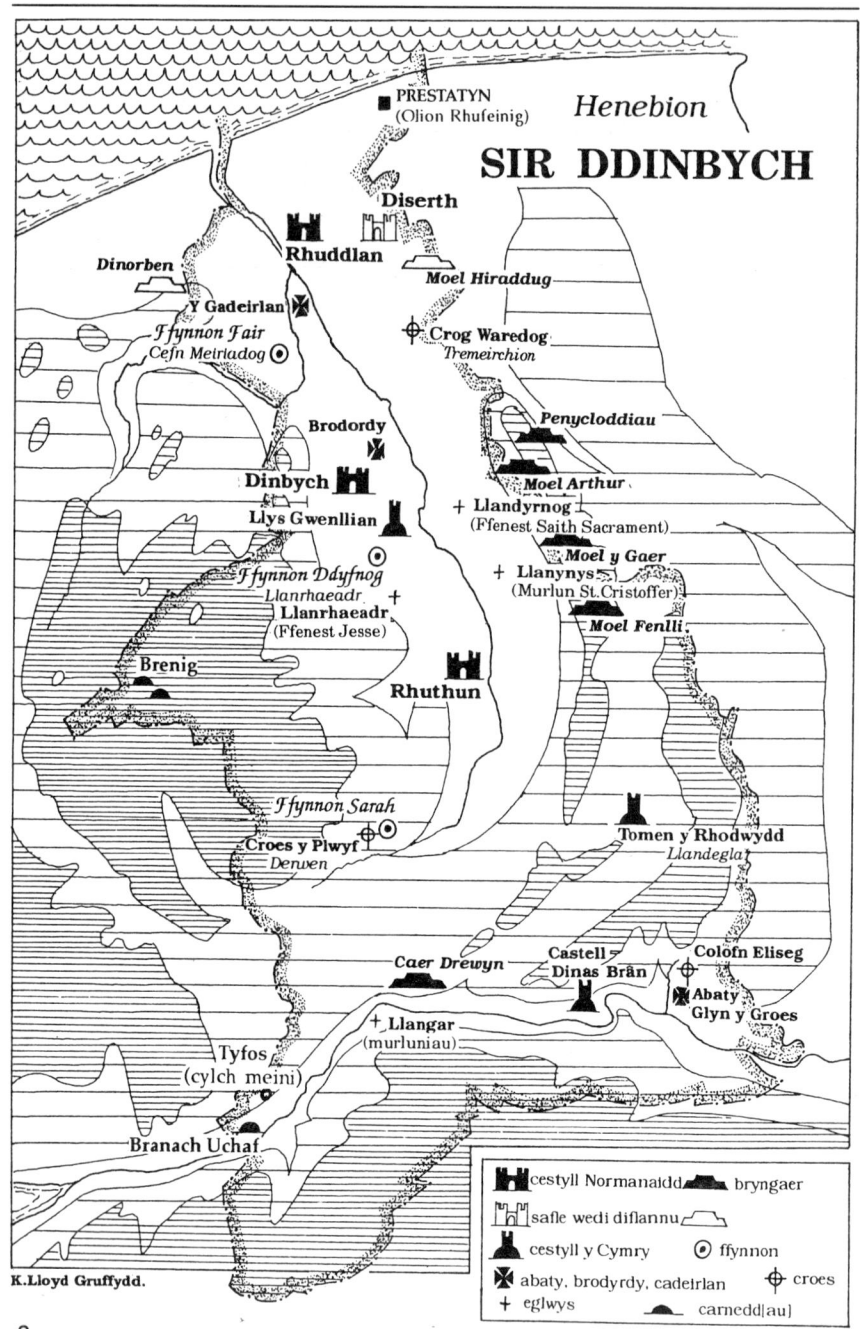

ARCHAEOLEG A HANES CYNNAR SIR DDINBYCH

Olion Cynhanesyddol

Yn Sir Ddinbych y darganfuwyd yr olion cynharaf o bresenoldeb dyn yng Nghymru. Fe'u canfuwyd yn Ogof Bontnewydd, ger afon Elwy, yng nghyffiniau **Cefn Meiriadog**. Bu pobl yn defnyddio'r ogof hon chwarter miliwn o flynyddoedd yn ôl, a gadawsant olion sydd wedi cael eu hastudio gan archaeolegwyr cyfoes. Mae'r olion hyn yn cynnwys celfi carreg o'r *Cyfnod Palaeolithig* (500,000 – 10,000 C.C.), esgyrn anifeiliaid a dannedd dynol. Canfuwyd olion palaeolithig hefyd yn Ogof Cefn, gerllaw, ac yn **Nhremeirchion** a **Llanarmon-yn-Iâl**.

Yn **Rhuddlan** darganfuwyd olion diwylliant y *Cyfnod Mesolithig* (10,000 – 4,300 CC). Yr olion mwyaf diddorol yw caregos â phatrymau cyntefig (fel coed pinwydd) wedi eu hysgythru arnynt. Yn sicr dyma'r enghreifftiau cynharaf a feddwn o gelfyddyd addurnol yn Sir Ddinbych. I'r cyfnod hwn hefyd y perthyn caib o gorn carw a ddarganfuwyd dan y tywod yn **Y Rhyl**.

Dyry'r *Cyfnod Neolithig* (4,300 – 2,000 CC) enghreifftiau o waith adeiladu gan ein hynafiaid. Carneddau hirion gyda chromlech sy'n gysylltiedig ag arferion claddu'r meirw yw'r enghreifftiau hyn. Saif un ohonynt yng nghyffiniau **Llanelwy**, sef carnedd Tyddyn Bleiddyn. Mae'r enghraifft hon yn cynnwys dwy gell lle gosodwyd cyrff y meirw. Darganfuwyd gweddillion deuddeg o bobl, yn oedolion a phlant, yn un o'r celloedd. Lleolir safleoedd claddu megalithig hefyd yn Tan y Coed a Branas Uchaf ger **Llandrillo**. Weithiau, mae'n amlwg, cleddid y meirw mewn ogofâu naturiol, a gwelwyd enghreifftiau o hyn yn Perthi Chwarae, **Llanarmon-yn-Iâl**, a Rhosddeigre, **Llandegla**. Yn Rhosddeigre, darganfuwyd tameidiau o grochenwaith neolithig a bwyell a wnaed yn ffatri neolithig enwog Graig Lwyd (Penmaenmawr).

Gyda'r gallu i lunio celfi o fetel, datblygodd gwareiddiad newydd, sy'n ymestyn o tua 2000 – 600 CC. *Oes yr Efydd* oedd hon, ac mae olion lluosog ohoni yn Sir Ddinbych. Mae un safle pwysig wedi ei archwilio'n ofalus, sef y Brenig, sydd gyda chladdfa neu fynwent yn cynnwys dros hanner cant o garneddau. Erbyn hyn, lluniwyd llwybrau archaeolegol er hwylustod i ymwelwyr. Lleolir y safle hwn ger **Llyn Brenig**, a dylai'r sawl sy'n dymuno dilyn y llwybrau archaeolegol alw heibio'r Ganolfan Ymwelwyr yno i gael cyfarwyddiadau.

Yn ystod Oes yr Efydd cynyddodd yr arferiad o losgi'r meirw nes dod yn fwy cyffredin na chladdu cyrff cyfain. Ar ôl y llosgi, golchid yr esgyrn a'u gosod mewn wrn bridd arbennig, neu mewn blwch pren, neu mewn cwd o ddefnydd neu ledr. Wedi hyn fe'u cludid i'r gladdfa, lle cynhelid defodau angladdol y tu allan i'r safle cysegredig cyn mynd ati i godi carnedd neu foncyn o dyweirch a phridd dros weddillion yr ymadawedig.

Y carneddau mwyaf hygyrch ym Mrenig yw'r Boncyn Arian a'r Garnedd Gylch ar lan y llyn. Codwyd y Boncyn

Arian tua 1600 CC dros un bedd canolog. Gosodwyd gweddillion amlosgol eraill yn y boncyn ar o leiaf chwe achlysur yn ddiweddarach. Mae un o'r rhain yn hynod ddiddorol oherwydd cafwyd dau ddant ac esgyrn bach caled iawn o glustiau baban ifanc yn y priddlestr. Canfuwyd enghreifftiau tebyg yn Ynys Môn a Swydd Efrog, a thybia rhai fod hyn yn dystiolaeth o ddefod aberthu plant. Nid nepell o'r Boncyn Arian gwelir y Garnedd Gylch. Hynodrwydd y garnedd hon yw nad o amgylch bedd y codwyd hi'n wreiddiol. Safle defodol, math o deml angladdol, oedd y garnedd hon pan godwyd hi tua 1680 CC. Wrth archwilio'r safle rhwng 1973 a 1975, darganfu'r archaeolegwyr olion ger y Boncyn Arian a brofai fod dynion wedi bod yn trigo ar y llecyn hwn yn y cyfnod Mesolithig. Daeth cloddwyr o hyd i gelfi callestr a phantiau bychain yn cynnwys golosg y gellid ei ddyddio i 5700 CC.

Adwaenir y cyfnod 600 CC – 60 OC fel **Oes yr Haearn**. Gwelwyd dylanwad gwareiddiad Celtaidd y cyfandir yn cryfhau'n raddol ynddo. Enghraifft o hyn yw'r modd mae haearn yn araf ddisodli efydd fel defnydd llawer (ond nid y cyfan) o'r offer a gynhyrchid. Mae'n amlwg hefyd fod arloesi gyda dulliau cynnar o aredig a chynaeafu'n digwydd, a olygai fwy o sefydlogrwydd. Arwydd o hyn yw'r modd y codwyd anheddau yn glystyrau ger y caeau cyntefig. Arweiniai hyn at godi ffosydd amddiffynnol o amgylch yr anheddau, a dyna yw tarddiad y bryngaerau a gysylltir bob amser ag Oes yr Haearn. Mae llawer iawn o fryngaerau i'w cael yn Sir Ddinbych, a gwelir yr amlycaf ohonynt ar gopaon **Moelydd Clwyd**.

Gan gychwyn yn y gogledd, ceir bryngaerau ar y moelydd canlynol: Moel Hiraddug, Pen y Cloddiau, Moel Arthur, Moel y Gaer (Llanbedr) a Moel Fenlli. Maent oll yn hygyrch i'r sawl sy'n medru cerdded ar y llethrau mynyddig, ac mae'r dair gaer olaf ar y rhestr ym Mharc Gwledig Moel Fama. Afraid dweud fod y golygfeydd i'r gorllewin a'r dwyrain yn odidog. Mae ffin Sir Ddinbych a Sir y Fflint yn digwydd cydredeg â ffosydd gorllewinol bryngaerau Penycloddiau a Moel Arthur.

Codwyd y bryngaerau ar Foelydd Clwyd yn gynnar yn ystod Oes yr Haearn a chryfhawyd eu mynedfeydd (man gwan yn y clawdd, wrth gwrs) rhwng tua 100 a 50 CC. Anodd yw dweud sut yn union y defnyddid hwy, ac ni ellir bod yn gwbl siŵr a oedd pobl yn trigo ynddynt drwy gydol y flwyddyn, er mai hynny a dybir yn gyffredinol. Lle digwyddodd cloddio archaeolegol, darganfuwyd olion rhai adeiladau (pren) crwn a rhai sgwâr. Anheddau oedd yr adeiladau crynion ac mae'n bosib mai rhyw fath o stordai oedd y lleill. Dengys rhai o'r bryngaerau gynllunio milwrol gofalus ym mhatrymau cymhleth eu mynedfeydd, ond nid oes sicrwydd mai amddiffynfeydd milwrol pur oeddynt. Maent yn amrywio'n sylweddol o ran maint; er enghraifft, mae Penycloddiau yn 50 erw (ymysg y mwyaf yng Nghymru), Moel Fenlli yn 24 erw a Moel y Gaer (Llanbedr) yn 10 erw.

Y Rhufeiniaid

Bu cyrch Rhufeinig yn erbyn brodorion gogledd-ddwyrain Cymru dan arweiniad Ostorius Scapula yn 48 OC, ac ar lan **Afon Dyfrdwy** derbyniodd eu hymostyngiad. Disgrifiad yr hanesydd Lladin Tacitus o'r fuddugoliaeth hon yw'r cyfeiriad ysgrifenedig cyntaf at ddaear Cymru a feddwn. Cysylltir enw Suetonius Paulinus â dau gyrch diweddarach yn 58/9 OC a chyflafan y Derwyddon ar Ynys Môn yn 60 OC. Ef efallai oedd y Rhufeiniwr cyntaf i dramwyo drwy **Ddyffryn Clwyd**, ac yn ôl Glanmor (hanesydd lleol o'r bedwaredd ganrif ar bymtheg), ar ôl Paulinus y gelwir Bryn Polyn, **Llanelwy**.

Tybia archaeolegwyr cyfoes y gallai Bryn Polyn, a saif ar grib rhwng afonydd Clwyd ac Elwy, nodi safle gorsaf filwrol Rufeinig a alwent hwy yn Varis. Safai hon, lle bynnag yn union y lleolwyd hi, ar y ffordd Rufeinig o Deva (Caer) drwy Canovium (Caerhun) i Segontium (Caernarfon). Arweiniai ffordd Rufeinig arall o Deva (Caer) i Gaer Gai (ger y Bala), ac mae'n bosibl y ceid gorsaf filwrol ar y ffordd honno yng nghyffiniau **Corwen**. Byddai hyn yn debygol iawn os oedd cyffordd yn cysylltu'r ffordd i Gaer Gai gyda ffordd tua'r gogledd (drwy ganol Sir Ddinbych mewn gwirionedd) i gyfeiriad Varis (**Llanelwy**). Yn wir, cred rhai archaeolegwyr fod gorsaf filwrol Rufeinig ar y fath ffordd yng nghyffiniau **Rhuthun**. Gwnaed darganfyddiadau archaeolegol sy'n awgrymu fod sefydliad Rufeinig ger Ysgol Rhuthun.

Daethpwyd o hyd i olion Rhufeinig ym **Mhrestatyn** yn nhridegau ac wythdegau'r ugeinfed ganrif. Darganfuwyd seiliau baddondy Rhufeinig yn y dref nid nepell o Ysgol y Llys, ac achosodd hyn i rai gredu mai dyma oedd gwir safle Varis yn hytrach na Llanelwy, ond cred eraill mai Caerwys neu Bodfari yw'r lleoliad tebygol. Bu archaeolegwyr yn archwilio safleoedd diwydiannol Rhufeinig ym Mhrestatyn, ac mae'n bosib fod y Rhufeiniaid wedi codi porthladd yno i'w galluogi i allforio mwynau, fel y plwm a gloddient yn Nhalar Goch, **Diserth**.

Cyn ymadawiad terfynol y Rhufeiniaid o Gymru (tua 400 OC dyweder), bu cysylltiad Cymreig â digwyddiad a ysgydwodd yr Ymerodraeth yn y gorllewin, sef y putsch yn erbyn yr Ymerawdwr Gratian yn 383 OC dan y cadfridog Magnus Maximus, gynt o Segontium (Caernarfon). Teyrnasodd am bum mlynedd o ddinas Trier yn yr Almaen, ond mae'n fyw yn y cof Cymreig fel Macsen Wledig, yr ymerawdwr Rhufeinig a briododd y Gymraes, Elen Luyddog. Cysylltwyd ei henw hi yn ein chwedloniaeth â thameidiau o hen hen ffyrdd yng Nghymru sy'n dwyn yr enw 'Sarn Elen'. Ceir un o'r tameidiau hynny yn Sir Ddinbych, sef yr hen ffordd rhwng **Dinbych** a **Cherrigydrudion**, a foddwyd yn rhannol gan Gronfa Ddŵr y Brenig.

Y Brythoniaid a'r Mewnfudwyr

Dilynwyd ymadawiad y catrodau Rhufeinig gan gyfnod ansefydlog gydag ymosodiadau a mewnlifiad gan bobloedd o Lychlyn ac Iwerddon. Drwy'r cyfan, daliodd y Brythoniaid eu

Cyfres Broydd Cymru

gafael ar eu Cristnogaeth ac ar y grefft o ysgrifennu. Ceir tystiolaeth o ddwyster y dylanwad Gwyddelig yn y rhan hon o Gymru gan garreg arysgrifedig o **Glocaenog** sy'n dyddio o'r bumed neu'r chweched ganrif. Mae'n coffáu'r tywysog Similinius mewn Lladin ac mewn Ogam, hen wyddor Geltaidd a darddodd yn Iwerddon.

Tystiolaeth o Gristnogaeth y cyfnod cynnar hwn yw'r gladdfa Gristnogol a archwiliwyd yn ddiweddar yn Nhandderwen (ger y ffordd o **Ddinbych** i **Landyrnog**, gerllaw Maes Eisteddfod Genedlaethol 2001).

Gyda dyfodiad Cunedda Wledig i ogledd Cymru o wlad y Gododdin tua chanol y bumed ganrif, cafodd y Brythoniaid oruchafiaeth ar y mewnfudwyr Gwyddelig. Llwyddodd Cunedda i osod seiliau cyfundrefn wleidyddol Gymreig, a tharddodd sawl llinach frenhinol ohono ef. Dehonglwyd enwau nifer o diriogaethau fel rhai a ddeilliodd o enwau ei feibion neu ei ddilynwyr, ac mae nifer o'r rhain i'w cael yn Sir Ddinbych, megis Edeirnion a enwyd ar ôl Edern, Rhufoniog ar ôl Rhufon a Dogfeiling ar ôl Dogmael.

diriogaethol y cantrefi a'r cymydau. Yn fras, gallwn ddweud fod y Sir Ddinbych bresennol yn cynnwys (o'r de i'r gogledd), cwmwd Edeirnion, cantref Iâl, cantref Dyffryn Clwyd, cwmwd Cinmeirch, cwmwd Is-Aled a'r rhan o gantref Tegeingl sy'n gorwedd ar ochr orllewinol Clawdd Offa. Perthynai Edeirnion ac Iâl i Bowys Fadog, a'r gweddill i Wynedd Is-Conwy. Dan Statud Cymru 1284, aeth Edeirnion yn rhan o Sir Feirionnydd ac aeth y rhan fwyaf o Degeingl i Sir y Fflint. Am y gweddill, ynghyd â chantrefi a chymydau eraill megis Rhos, Maelor a Mochnant, fe'u gwnaed yn arglwyddiaethau Normanaidd Dinbych, Rhuthun, y Waun a Bromfield ac Iâl, sef rhan o'r Mers. Cyplysodd Deddf Uno 1536 y rhain â'i gilydd i ffurfio sir newydd, sef y Sir Ddinbych wreiddiol. Unwyd hon â Sir y Fflint dan Ddeddf Llywodraeth Leol 1972 i ffurfio Sir Clwyd. Un o bedair sir newydd a grëwyd o Glwyd gan Ddeddf Llywodraeth Leol 1996 yw'r Sir Ddinbych bresennol.

Clawdd Offa

Yn ystod yr wythfed ganrif, gwelwyd sefydlu'r ffin rhwng Cymru a Lloegr gydag adeiladu Clawdd Offa. Brenin teyrnas Mercia oedd Offa, a bu'n teyrnasu o 757 i 796. Ystyrir Prestatyn fel pegwn gogleddol y clawdd fel arfer, ac os felly, dyna'r unig ddarn ohono sydd o fewn y Sir Ddinbych bresennol.

Yn raddol, esblygodd cyfundrefn

CESTYLL SIR DDINBYCH

Cestyll y Cymry

Dinas Brân
Coron ar ben bryn uchel sydd â'i draed yn nhref Llangollen yw adfeilion Castell Dinas Brân. O'r copa gwelir golygfeydd eang hardd, a pherthyn rhyw ramant nodedig i'r lle a'r olion. Mae'r safle yn hynafol dros ben fel yr awgryma'r enw Dinas Brân – Preswylfa Bendigeidfran, yr hen dduw Celtaidd – ac erys olion bryngaer Celtaidd o'r Oes Haearn i'n hatgoffa o'r oes honno.

Perthyn adfeilion y muriau carreg i oes ddiweddarach, sef chwedegau'r drydedd ganrif ar ddeg. Dyna pa bryd y cododd Gruffudd Maelor II (m. 1268), Tywysog Powys a mab sylfaenydd Abaty Glyn-y-groes, gastell syber iddo'i hun yma. Teg casglu o'r dystiolaeth brin a rydd y meini fod hwn yn un o gestyll mwyaf addurnedig y tywysogion Cymreig. Gan fod y safle mor uchel, mae'n bosibl fod llai o bwyslais wedi ei roddi ar agweddau amddiffynnol yr adeilad a mwy ar ei foethusrwydd. Dinistriodd y Cymry'r adeiladau yn 1277 rhag iddynt ddod i feddiant Edward I. Ond i feddiant y Normaniaid yr aeth yr adfeilion yn y diwedd, er i'r Tywysog Dafydd ap Gruffudd eu cipio dros dro yn 1282. Ni chawsant eu hadfer.

Tomen y Rhodwydd
Mae olion Tomen y Rhodwydd ar fin ffordd yr A525 (7 milltir allan o Rhuthun i gyfeiriad Llandegla) yn y big lle cyferfydd â'r ffordd B5429. Dyma enghraifft odidog o dirlun castell tomen a chadlys (neu mwnt a beili). Nid oes olion o'r adeiladau pren, wrth reswm, ond gellir yn hawdd adnabod y ffurfiau Powlen a Soser sy'n nodweddu'r math hwn o safle. Cododd Owain Gwynedd y castell tua 1146 i sicrhau rheolaeth ar y mynediad strategol pwysig hwn i Ddyffryn Clwyd, gyda golwg ar y bygythiad posibl iddo o'r dwyrain gan y Normaniaid ac o'r de gan Madog ap Maredudd, Tywysog Powys. Byr fu oes y castell, fodd bynnag, oherwydd bu'n rhaid i Owain ei adael wrth encilio tua'r gorllewin yn wyneb pwysau mawr byddin Harri II yn 1157. Manteisiodd Iorwerth Goch, brawd Madog ap Maredudd, ar y cyfle i losgi'r castell ar unwaith. Er i Owain Gwynedd ailsefydlu ei awdurdod dros y rhan hon o Gymru, ni aeth ati i ailadeiladu yn y fan hon.

Llys Gwenllian
Ar ochr dde y ffordd o Ddinbych i Brion, ger y groesffordd gyntaf ar ôl pasio adeiladau'r Ysbyty Meddwl gynt, gwelir fferm 'Y Llys' ar ben allt serth. Wrth ymyl y tŷ saif tomen o arwyddocâd anhraethol bwysig yn hanes Cymru. Enghraifft o safle tomen a chadlys a geir yma, gyda'r adeiladau pren wedi hen ddiflannu. Ni wyddys pa bryd neu gan bwy y codwyd y domen, ond hwn yw safle maerdref cwmwd Cinmeirch. Ei enw gwreiddiol oedd Ystrad Owain, ac yma arwyddodd Llywelyn Fawr weithredoedd tir Llys Euryn (ger Bae Colwyn) i'w gosod ym meddiant ei ddistain, Ednyfed Fychan, ar Galan Mai 1230.

Daeth y llys yn gartref i ferch Llywelyn, Gwenllian de Lacy, pan ddychwelodd honno yn wraig weddw o Iwerddon yn 1233. Y modd y cafodd ei hystâd hi ei ddosbarthu gan y Goron, yn dilyn ei marwolaeth yma yn 1281, a ffyrnigodd y Tywysog Dafydd ap Gruffudd (a gafodd Rhufoniog a Dyffryn Clwyd gan Edward I, wedi iddo eu cymryd o feddiant Llywelyn ap Gruffudd yn 1277), ac a fu'n rhannol gyfrifol am wrthryfel 1282.

Cestyll y Normaniaid

Castell Rhuddlan

William I (Y Gorchfygwr) a roes y gorchymyn i godi'r castell Normanaidd cyntaf yn Rhuddlan, a gwnaed hynny gan 'Robert o Ruddlan' ar ran Iarll Normanaidd Caer yn 1073. Unig olion y castell cyntaf hwn heddiw yw'r domen a welir ychydig i'r de o gastell Edward I. Dechreuodd Edward godi'r castell newydd ym misoedd hydref 1277. Hwn oedd yr ail gastell i'w godi yn ymgyrch fawr 1277 yn erbyn Llywelyn ap Gruffudd (Castell y Fflint oedd y cyntaf). Byddai'n diogelu'r arfordir gyda chestyll eraill i'r gorllewin yng Nghonwy, Caernarfon a Biwmares, ac yn diogelu Dyffryn Clwyd gyda chestyll i'r de yn Ninbych a Rhuthun.

Golwg filitaraidd foel sydd i Gastell Rhuddlan heddiw, ond rhwng 1283 a 1286 bu gwariant sylweddol iawn ar ystafelloedd y frenhines, gan gynnwys capel. Yr oedd y gallu i gludo nwyddau a dynion i'r castell o gyfeiriad y môr yn bwysig iawn, ac i hwyluso hyn fe aed ati rhwng 1277 a 1280 i ddyfnhau a sythu rhediad afon Clwyd rhwng Rhuddlan a'r môr. Yr oedd hyn yn orchwyl anferthol yn ei ddydd, a saif campwaith y ffoswyr cynnar hynny yn dystiolaeth i'w dycnwch hyd heddiw. Ni lwyddodd neb i gipio Castell Rhuddlan yn ystod gwrthryfeloedd achlysurol y Canol Oesoedd, ond bu'n rhaid ei ildio i'r fyddin seneddol dan y Cadfridog Thomas Mytton ym mis Gorffennaf 1646. Gorchmynnodd y senedd ddymchwel y castell yn 1648, a dyna a wnaed, gan adael yr adfail sydd i'w weld heddiw.

Castell Dinbych

Castell barwnol oedd Castell Dinbych yn wreiddiol. Ar 16 Hydref, 1282, creodd Edward I Arglwyddiaeth Dinbych a gosododd yr uned newydd dan arglwyddiaeth Henry de Lacy, Iarll Lincoln, gan roi £22 iddo tuag at gostau codi castell. Treuliodd y brenin ddyddiau olaf Hydref gyda de Lacy yn Ninbych. Ni wyddys a oedd castell neu fryngaer hynafol eisoes ar y safle, ond gellir adnabod y darnau cynharaf i gael eu hadeiladu gan y Normaniaid. Wrth gerdded i mewn i'r castell, maent ar yr ochr dde ac yn union gyferbyn â'r fynedfa, yr ochr draw i'r lawnt fewnol.

Perthyn y fynedfa fawreddog a'r adeiladau ar y chwith i'r ail gyfnod o adeiladu a ddechreuodd tua 1295. Mae'r dyddiad hwn yn arwyddocaol oherwydd fe gipiodd y Cymry'r castell anorffenedig yn ystod gwrthryfel Madog ap Llywelyn ap Maredudd yn 1294. Methodd ymgais de Lacy i'w ailgipio ar 11 Tachwedd, 1294, a bu'n rhaid iddo wrth gefnogaeth bersonol y brenin a'i luoedd i'w ailfeddiannu cyn y Nadolig. Aed ati felly yn 1295 i godi amddiffynfeydd cadarnach a mwy rhwysgfawr.

Pan dorrodd gwrthryfel Owain

Glyndŵr yn 1400 yr oedd y castell yng ngofal Henry Percy ('Hotspur'), ond yn 1403 ymunodd yntau â'r gwrthryfel! Bu farw ym mrwydr Amwythig yn ddiweddarach y flwyddyn honno. Yn ôl Deddf Uno 1536 penodwyd Castell Dinbych fel safle canghellys ar gyfer siroedd Dinbych, Fflint a Threfaldwyn. Yn ystod y Rhyfel Cartref daliodd William Salisbury o Rug ('Yr Hen Hosannau Gleision') y castell dros y Goron. Nos Iau 25 Medi, 1645, cafodd Siarl loches yma wrth iddo ddychwelyd o'r gurfa a gafodd ei luoedd ym Mrwydr Rowton Heath. Yn ôl ei dystiolaeth ef ei hun, clywodd y brenin lawer o wironeddau gan ei was ffyddlon y noson honno! Ni lwyddodd gwarchae'r lluoedd seneddol o dan Thomas Mytton rhwng Ebrill a Hydref 1646 i oresgyn y castell, ac yn y diwedd, dim ond ar gais personol y brenin yr ildiodd Salisbury, a hynny ar yr amod bod ei ddynion yn gorymdeithio allan oddi yno gyda'u baneri'n cyhwfan a'u pennau'n uchel. Dyna ddiwedd hanes militaraidd y castell.

Castell Rhuthun
Ar ddiwedd ymgyrch 1277, cyflwynodd Edward I gantref Dyffryn Clwyd i ofal brawd Llywelyn, sef y Tywysog Dafydd ap Gruffudd. Ei gyfrifoldeb ef felly oedd bwrw 'mlaen gyda'r gwaith o adeiladu castell i'r Normaniaid yn Rhuthun. Yn 1282, fe drodd yn erbyn Edward, ac ar ddiwedd y gwrthryfel a ddechreuwyd gan Dafydd, trosglwyddwyd y cantref, a hynny o'r castell a adeiladwyd, i Reginald de Grey, Ustus Caer. Adeilad pum ochrog oedd y castell gorffenedig, gyda thŵr ym mhob ongl, a dau dŵr o bobtu'r porth.

Ar 18 Medi, 1400, ymosododd Owain Glyndŵr ar dref a chastell Rhuthun, ac yn 1402 herwgipiodd ei elyn mawr y trydydd Reginald de Grey.

Gwnaed niwed mawr i'r castell gan Thomas Mytton a'r lluoedd Seneddol yn 1646. Daethpwyd â chwe wythnos o warchae ac ymosod i ben ar 7/8 Ebrill pan osodwyd ffrwydron o dan rai o'r muriau. Perchennog y castell ers 1632 oedd Syr Thomas Myddleton, Seneddwr a Phiwritan, ond ni wnaed dim i adfer yr adeiladau ganddo ef na'i ddisgynyddion cyn iddynt gael eu pasio i Maria, merch y disgynnydd gwryw olaf yn 1796. Cododd Maria a'i gŵr Frederick West dŷ castellog ar y safle yn 1826, ond chwalwyd y rhan fwyaf ohono gan eu mab, Frederick Richard West, er mwyn codi'r 'castell' a welir ar y safle heddiw, rhwng 1849 a 1852. Bu hwn yn blasty, ysbyty ac yn westy yn eu tro.

Cyfres Broydd Cymru

FFYNHONNAU A CHROESAU SIR DDINBYCH

Croes Elise
Gwelir gweddillion y groes hynafol hon ger Llangollen, nid nepell o Abaty Glyn-y-groes (gyferbyn â Gwesty'r *Grange*), yn union cyn dechrau dringo Bwlch yr Oernant. Saif ar ben tomen a godwyd dros fedd a wnaed ar ffurf cist o gerrig gleision. Hon a roes yr enw Glyn-y-groes i'r dyffryn tawel hwn. Naddwyd arysgrif achyddol eithriadol ddiddorol ar baladr y groes sy'n dweud iddi gael ei chodi gan Cyngen, brenin Powys (808-54), er cof am ei hen daid Elise, a adferodd Powys o afael y Saeson. Mae'n olrhain achau brenhinoedd Powys yn ôl at Cadell, a thrwyddo ef at Gwrtheyrn a Macsen Wledig. Efallai mai gweddillion Cadell Ddyrnllug sy'n gorwedd yn y gladdfa o dan y groes. Bid a fo am hynny, yr hyn sy'n arwyddocaol iawn yw'r parodrwydd i olrhain yr achau yn ôl at Macsen, y milwr o Sbaen a fu'n gadfridog Rhufeinig yn *Segontium* (Caernarfon). Amddifadodd y brodorion o amddiffyniad Ymerodraethol pan ddenodd y llengoedd i'w ganlyn i'r cyfandir i drechu'r Ymerawdwr Gratian yn 383. Teyrnasodd fel Ymerawdwr y Gorllewin nes iddo yntau gael ei ddiorseddu a'i ladd gan Theodosius yn 388. Dyna felly osod tarddiad ymerodraethol a Rhufeinig i deulu brenhinol Powys. Gwrtheyrn, yn ôl y traddodiad, oedd y brenin a wahoddodd y Saeson dan Hengist a Horsa i'w gynorthwyo i wrthsefyll ymosodiadau'r Llychlynwyr ar dde-ddwyrain Prydain, ond wedi iddynt gael troedle yma, troesant yn ei erbyn a chipio Lloegr o feddiant y Brythoniaid.

Maluriwyd y groes yn y Rhyfel Cartref, ac nid yw'r arysgrif bellach yn ddarllenadwy. Yn ffodus fe'i copïwyd yn 1696 gan Edward Llwyd, ac iddo ef yr ydym yn ddyledus am fedru darllen cymaint ag y medrwn o'r arysgrif wreiddiol. Gwnaed arysgrif ychwanegol yn 1779 pan ailgodwyd gweddillion y groes.

Crog Waredog Tremeirchion
Arferai sefyll ar baladr ym mynwent eglwys y plwyf, nes iddi gwympo neu gael ei dymchwel. Yn gynnar yn y bedwaredd ganrif ar bymtheg, cafodd ei gwerthu i brynwr Pabyddol a'i chyflwyno i Goleg Beuno Sant, Tremeirchion. Bellach, penderfynodd yr Iesuwyr ddychwelyd y groes i'w chartref gwreiddiol. Mae cerfiadau cain ar bedwar wyneb y pen wedi eu gosod mewn agennau addurnedig. Ar y ddau wyneb cul portreadir esgob neu abad. Ar un o'r wynebau llydan portreadir y Crist croeshoeliedig gyda Mair y Forwyn ac Ioan y Disgybl Annwyl o bobtu'r groes. Ar yr wyneb llydan arall gwelir Mair y Forwyn ar ei heistedd gyda'r Plentyn yn ei breichiau. Perthyn y campwaith hwn i'r bedwaredd ganrif ar ddeg. Roedd y groes yn enwog iawn yn y Canol Oesoedd oherwydd y traddodiad fod gwyrthiau yn gysylltiedig â hi. Nid croes blwyf 'gyffredin' mohoni ond 'crog waredog' (h.y. croes achubol), a chanodd Gruffydd ap Ieuan ap Llywelyn Fychan awdl iddi tua 1500. Dyma sut y dechreua'r awdl:

Sir Ddinbych

Y Grog waredog o Rhiw –
    Dymeirchion
Wedi'r mawr-chwys gwaedfriw
Credir gwaith Creawdwr gwiw;
Gair Duw hawdd i gred heddiw.

Iesu i'n prynu, Mab Rhad – anfoned
    O fynwes yn Duw-Dad;
Ag o annerch y gennad
Y gŵr gynt o'r Gair a ga'd.

Croes y Plwyf, Derwen
Ym mynwent eglwys Derwen gwelir croes Ganol Oesol sy'n rhyfeddol o gyfan. Saif y pen pedwarwynebog ar baladr wythochrog main. Dengys cerfiadau y Forwyn a'i Phlentyn ar yr wyneb deheuol, Coroniad Nefol y Forwyn ar yr wyneb dwyreiniol, Mihangel yn cloriannu eneidiau'r ymadawedig ar yr wyneb gogleddol, a'r Crist croeshoeliedig ar yr wyneb gorllewinol. Perthyn y trysor hwn i'r bymthegfed ganrif.

Ffynnon Fair, Cefn Meiriadog
O safbwynt pensaernïol, yr odidocaf o ffynhonnau Sir Ddinbych yw Ffynnon Fair. Ar un adeg, safai capel syber dros y ffynnon hon a gyfyd mewn gweirglodd ar lan afon Elwy yng nghyffiniau Wigfair. Erbyn heddiw, yr hyn a erys yw'r baddon trawiadol ar ffurf seren a ffurf groesog y capel a orchuddiai'r ffynnon a'r baddon ar ddiwedd y Canol Oesoedd.

Ffynnon Ddyfnog, Llanrhaeadr
Lleolir Ffynnon Ddyfnog yng nghesail y llechweddau serth ym mhen pellaf y goedwig fechan sydd y tu cefn i eglwys y plwyf, Llanrhaeadr. Mae'r llwybr hyfryd drwy'r coed yn dilyn y nant fechan sy'n llifo o'r ffynnon. Nid ffynnon sydd yma mewn gwirionedd ond afonig danddaearol yn dod i'r wyneb. Llifa'r dŵr i faddon hirsgwar sydd â grisiau a ganiatâi i'r pererinion gynt drochi yn y dyfroedd. Yn ystod y Canol Oesoedd, roedd capel dros y ffynnon a'r baddon ac ystafelloedd newid ar gyfer y pererinion a'r cleifion a ddeuai yma yn lluoedd. Cyn codi'r adeiladau mae'n debyg fod yr afonig yn arfer arllwys o'r graig fel rhaeadr. Yn ôl y traddodiad, arferai Dyfnog, y meudwy a sefydlodd y llan yma ar lan yr afon, sefyll mewn sachliain o dan y dŵr oerllyd fel penyd a disgyblaeth. Canlyniad hynny oedd trosglwyddo rhin iachusol i'r dyfroedd. Deuai cleifion o bell ac agos i dderbyn iachâd, yn enwedig o anhwylderau'r croen, gan gynnwys y frech wen. Canodd bardd canoloesol anhysbys gywydd i Ddyfnog. Dyma flas ohono:

    pistill o waith hapusteg
    a roed it ŵr radau teg
    mawr ei glod miragl ydyw
    ffrwd groiwdeg or garreg yw
    ffynnon or eigion a red
    ragorawl i roi gwared

Ffynnon Sarah, Derwen
Cysegrwyd y ffynnon hon i Saeran, nawddsant Llanynys, ond ar lafar, fe aeth yr enw yn 'Ffynnon Sarah'. Ni wyddys ai yma neu ar lawr Dyffryn Clwyd, yng nghyffiniau Llanynys, y trigai Saeran. Efallai iddo symud o'r naill le i'r llall wrth gwrs. Dywedir mai mab Geraint Saer o Iwerddon ydoedd, a dethlir gŵyl sant o'r enw Saran yn Iwerddon ar 13 Ionawr. Lleolir y ffynnon rhwng Derwen a Chlawddnewydd wrth ochr Ffordd y Pererinion. Yn ôl y traddodiad, mae'r dyfroedd yn llesol i gryd cymalau a

Cyfres Broydd Cymru

chancr. Cyfyd y ffynnon mewn baddon a wnaed o garreg gyda grisiau i alluogi'r cleifion i fynd i mewn i drochi yn y dŵr.

ABATAI A'R GADEIRLAN

Eglwys Gadeiriol Llanelwy
Prif eglwys Sir Ddinbych yw Eglwys Gadeiriol Llanelwy. Mae'n ddiddorol mai enw afon Elwy, ac nid sant, sydd ar y llan yn y Gymraeg. Yn Saesneg, rhoddwyd enw **Sant Asaff** arni, a gwelir ei enw ar bentrefi cyfagos megis Pantasaff a Llanasa. Fodd bynnag, nid ef a sefydlodd y fynachlog, neu'r clâs ar lan afon Elwy yn ôl y traddodiad, ond **Cyndeyrn**, un o Frythoniaid Ystrad Clud (*Strathclyde* yn yr Alban) yn y flwyddyn 560. Dychwelodd i'r Alban yn 570 gan adael Asaff fel ei olynydd. Gwelir bedd Cyndeyrn yn Eglwys Gadeiriol Glasgow, lle mae'n fwy adnabyddus wrth yr enw anwes *'Mungo'*. Enw Cymraeg yw hwn yn ôl pob sôn, sef geiriau ei fam frenhinol pan welodd hi ef gyntaf: 'Mae'n gu!' – a ddaeth o'i fynych ailadrodd yn 'Mungo'!

Ni ddylid gosod gormod o bwys ar y traddodiad am y cysylltiad rhwng dyffrynnoedd Clud a Chlwyd, nac ychwaith ar y gred mai **Maelgwn Gwynedd** a awdurdododd ffurfio'r esgobaeth yn y chweched ganrif. Er bod gan yr eglwys 'Geltaidd' esgobion, nid oedd ganddynt esgobaethau yn yr ystyr fodern. Gyda'r Normaniaid y daeth y drefn diriogaethol o weinyddu'r eglwys ar sail plwyfi ac esgobaethau. Yr esgob Normanaidd cyntaf y mae gennym dystiolaeth ysgrifenedig ynghylch ei gysegriad yw Gilbert, a gysegrwyd yn 1143. Bwriadwyd iddo gael ei olynu gan yr enwog **Sieffre o Fynwy**, ond er iddo ef gael ei gysegru yn 1152, ni ddaeth yma i'w gadeirlan fel esgob. Mae'n amlwg fod adeilad cyntefig a hynafol ar y safle yn 1188, pan fu **Gerallt Gymro** yma gydag Archesgob Caergaint yn pregethu 'efengyl' y Croesgadau. Tlawd oedd y lle bryd hynny – *'paupercula sedes Lanelvensis ecclesia'*, chwedl Gerallt.

Ni wyddys os mai pren yntai carreg oedd gwneuthuriad yr adeilad a welodd Gerallt. Credir bod gwaith ailadeiladu sylweddol wedi dechrau yn 1279 yn dilyn dinistr yr eglwys, a'r adeiladau eglwysig eraill, gan filwyr Normanaidd yn 1277. Llwyddodd yr esgob ar y pryd, **Einion ap Ynyr** ('y brawd du o Nannau'), i elyniaethu yn eu tro **Llywelyn ap Gruffudd** ac **Edward I**. Er i Llywelyn gadarnhau ei freiniau yn fuan wedi iddo gael ei ethol yn esgob yn 1269, bu anghydfod rhyngddynt, ac yn 1276 apeliodd yr esgob at Edward. Ond digiodd Einion pan losgwyd y gadeirlan gan filwyr Normanaidd yn 1277 wrth iddynt erlyn milwyr Llywelyn. Cafwyd mwy fyth o ddinistr o ganlyniad i ryfel 1282, a diorseddwyd Einion gan Edward ar amheuaeth o gefnogi'r gwrthryfelwyr. Cafodd bardwn yn 1284 a dychwelodd i'w swydd esgobol. Gwnaethpwyd cais i'r Pab am ganiatâd i symud y gadeirlan a chreiriau Asaff i 'ddiogelwch' Normanaidd Rhuddlan, ond yn aflwyddiannus. Aeth Einion ati felly i ailadeiladu drachefn ar yr un safle, ac mae'n debyg mai i'r cyfnod hwn y perthyn ffurf groesog yr eglwys bresennol. Tybir mai cerflun o Einion (neu 'Anian II' fel y'i gelwir gan amlaf) a welir yn ystlys ddeheuol y gadeirlan heddiw.

Prin fod y gwaith ailadeiladu wedi ei gwblhau yn wythdegau'r bedwaredd ganrif ar ddeg cyn y gwelwyd dinistr drachefn ym mlynyddoedd cyntaf y bymthegfed ganrif. Gwrthryfel **Owain Glyndŵr** oedd yn gyfrifol y tro hwn. **Ieuan** neu **John Trefor** (yr ail), gŵr galluog dros ben, oedd yr esgob ers 1395. Bu'n lysgennad i Sbaen ar ran Harri IV a gipiasai orsedd Lloegr oddi wrth Rhisiart II yn 1399. Ar ei ddychweliad i Gymru, ymunodd ag ymgyrch Owain. Yr oedd ei brofiad academaidd, gwleidyddol a diplomatyddol eang o gymorth amhrisiadwy i'r ymgyrch. Bu farw yn 1410 tra'r oedd ar ymweliad diplomatyddol â brenin Ffrainc ar ran Owain. Serch hynny, sicrhaodd ei gefnogaeth gynnar i Harri fod y gadeirlan yn wrthrych llid Owain, a sicrhaodd ei dröedigaeth wleidyddol fod y gadeirlan yn wrthrych dialedd Harri. Llosgwyd popeth llosgadwy yn lludw gan gynnwys y to. Gwres ysol y tân a fu'n gyfrifol am y wawr binc a welir heddiw ar galchfeini'r adeilad. Bu'r gadeirlan heb do am dros bedwar ugain mlynedd. Wrth edrych ar y tŵr o'r dwyrain, o gyfeiriad ffordd Dinbych, gellir gweld olion y to cynharach a losgwyd yn rhyfeloedd Glyndŵr yn glir.

Cafodd esgobaeth Llanelwy oes euraid yn ystod cyfnod y Diwygiad Protestannaidd. **Richard Davies** oedd yr esgob rhwng 1560 a 1561. Mae'n sicr iddo fod mewn cysylltiad clos â **William Salesbury** yn y cyfnod hwn wrth iddynt gychwyn ar eu gorchestwaith, sef y cyfieithiad o'r Testament Newydd a'r *Llyfr Gweddi Gyffredin* i'r Gymraeg – tasg a gwblhawyd ganddynt yn 1567. Bu Davies, fel esgob ac aelod o Dŷ'r Arglwyddi, gyda chydweithrediad Aelod Seneddol Dinbych (brodor o'r dref) **Humphrey Lhuyd**, yn gyfrifol am lywio Mesur Cyfieithu'r Beibl i'r Gymraeg drwy'r senedd yn 1563. Olynydd Richard Davies fel esgob Llanelwy yn 1561 oedd Thomas Davies. Gorchmynnodd ef fod yr Epistol a'r Efengyl i'w darllen yn Gymraeg yng ngwasanaethau (Saesneg) y Cymun, hynny yw roedd yn orchymyn i ddefnyddio *Kynniver Llith a Bann* William Salesbury (1551) nes cael cyfieithiad cyflawn o'r gwasanaeth a'r ysgrythur. Yn 1601 trosglwyddwyd yr Esgob **William Morgan** o Landaf i Lanelwy. Yr oedd eisoes wedi cyflawni ei gampwaith gydag ymddangosiad ei gyfieithiad o'r Beibl cyfan i'r Gymraeg yn 1588 (tra'r oedd yn ficer Llanrhaeadr-ym-Mochnant yn yr esgobaeth hon). Bu farw yn 1604 ac fe'i claddwyd yn y gadeirlan. Ei olynydd ef fel esgob Llanelwy oedd **Richard Parry**, a gydweithiodd gyda'r ysgolhaig, Dr **John Davies** o Lanferres (Ficer Mallwyd) i gynhyrchu cyfieithiad diwygiedig 1620, cyfieithiad a fu mewn bri hyd ymddangosiad y Beibl Newydd yn 1988.

Gyda'r holl gysylltiadau hyn, mae'n briodol iawn fod capel yn asgell ogleddol y gadeirlan wedi ei neilltuo i goffadwriaeth yr ysgolheigion a fu'n trosi'r ysgrythur i'r Gymraeg. Ger y capel hwn, arddangosir copïau o Destament Newydd 1567, Beiblau 1588 a 1620, Beibl Bach 1630 a Salmau Cân **Edmwnd Prys**. Tu allan, ar y lawnt ogleddol saif cofeb hardd i'r cyfieithwyr a godwyd yn 1888. Fe'i hadeiladwyd ar ffurf llusern ('Llusern yw dy air i'm traed, a llewyrch i'm llwybr', Salm CXIX, 105) o dywodfaen coch, ac yn yr agennau mae cerfluniau

Sir Ddinbych

gwynion o'r Esgobion Richard Davies, William Morgan a Richard Parry, y Deon **Gabriel Goodman**, yr Archddiacon Edmwnd Prys, Dr John Davies, William Salesbury a **Thomas Huet**. Ai hon tybed yw cofeb harddaf Cymru?

Pan ddatgysylltwyd yr Eglwys Esgobol yng Nghymru oddi wrth Eglwys Loegr yn 1920, dewiswyd esgob Llanelwy, Dr **Alfred George Edwards**, i fod yn archesgob cyntaf Cymru. Portreadwyd yr Archesgob Edwards gyda Dewi Sant ac arfbeisiau esgobaethau Cymru yn ffenestr orllewinol y gadeirlan. Eglwys gadeiriol Llanelwy yw cartref Gŵyl Gerdd Gogledd Cymru bob mis Medi. Cysylltir yr ŵyl ryngwladol hon ag enw'r cyfansoddwr Cymreig **William Mathias** (1934-1992), a fu farw mor gynamserol ac a gladdwyd ym mynwent y gadeirlan.

Abaty Glyn-y-groes
Un o fynachlogydd urdd y Mynaich Gwynion (Sistersiaid) oedd Abaty Glyn-y-groes, ger Llangollen. Fe'i sefydlwyd gan **Madog ap Gruffudd Maelor**, un o dywysogion Powys, ar 28 Ionawr, 1201.Yr oedd cymuned fechan o bobl yn byw ar y safle eisoes (a adwaenid fel Llanegwestl), a bu'n rhaid eu symud i Stansty ym Maelor Gymraeg i wneud lle i'r abaty. Deuai'r mynaich cyntaf o Abaty Ystrad Marchell (ger y Trallwng), a deilliasent hwy yn y pen draw o Abaty Hendygwyn ar Daf.

Mae'n amlwg o olion yr abaty fod tân difrifol wedi niweidio'r adeilad yn y drydedd ganrif ar ddeg, a gwnaed difrod drachefn yn ystod rhyfeloedd Edward I yn 1277 a 1282. O'r tu allan, yr arwydd amlycaf o ailadeiladu yw'r newid sydd i'w weld yn ansawdd y meini a ddefnyddiwyd i gwblhau'r triongl uwchben bwa'r ffenestr orllewinol fawr yn nhalcen yr eglwys. Gosodwyd ffenestr gron yng nghanol y triongl, ac uwch ei phen, arysgrif Ladin: 'Gwnaed y gwaith hwn gan yr Abad Adda; gorffwysed mewn hedd. Amen'. Bu Adda yn abad rhwng 1330 a 1344. Yr arwydd amlycaf o ailadeiladu y tu mewn i'r eglwys yw'r wal fer gyferbyn â'r allanfa i'r clwysty. Mae'n ymestyn o'r asgell ddeheuol hyd at y piler cyntaf yng nghorff yr eglwys, ac yn gwahanu'r corff a'r ystlys. Yr unig gyfiawnhad dros adeiladwaith mor anghydnaws â ffurf pensaernïol yr eglwys yw'r angen i gynnal pwysau'r tŵr a wanychwyd gan ddifrod y tân.

Mae ochr ddwyreiniol y clwysty mewn cyflwr da. Ar y llawr isaf gwelir y festri, ger asgell ddeheuol yr eglwys, ble ymwisgai'r offeiriaid, a ble cedwid y llestri gwerthfawr, ar gyfer yr offeren. Nesaf ati mae'r cabidyldy. Dyma'r lle pwysicaf mewn mynachlog ar ôl yr eglwys, fel yr awgryma urddas ei bensaernïaeth. Byddai'r abad a'r mynaich yn cyfarfod yma bob dydd i wrando ar bennod o Reol Sant Bened, i drafod gweithgareddau'r dydd, ac i ddisgyblu fel bo'r angen! Rhwng y mynedfeydd i'r festri a'r cabidyldy, gwelir agoriad yn y wal sy'n debyg i ffrâm ffenestr rwyllog gain. Sgrîn oedd hon, a chedwid llyfrau a llawysgrifau y tu ôl iddi. Mae'r llawysgrifau a ysgrifennwyd yng Nglyn-y-groes yn cynnwys testunau megis *Brut y Tywysogion* gydag ychwanegiad am y cyfnod 1282-1332, *Brut y Brenhinedd, Brenhinedd y Saesson, Ystoria Dared* a'r *Bibyl Ynghymraeg*.

Uwchben, ar y llawr cyntaf, gwelir hundy'r mynaich a phreswylfa'r abad. Arddangosir ar lawr yr hundy nifer o gerrig beddau cerfiedig a ddarganfuwyd o amgylch yr adfail. Y mwyaf diddorol ohonynt efallai yw carreg Madog ap Gruffudd Fychan. Yr oedd yn or-ŵyr i sylfaenydd yr abaty, ac yn hen daid i **Owain Glyndŵr**.

Daeth dau o'r abadau yn esgobion Llanelwy ar ddechrau'r unfed ganrif ar bymtheg, sef Dafydd ab Ieuan ab Iorwerth a Dafydd ap Owain. Bu nifer ohonynt yn noddwyr i'r beirdd, megis Siôn ap Rhisiart, a noddai ei nai **Gutun Owain**. Ei olynydd ef fel abad oedd Dafydd ab Ieuan ab Iorwerth. Cafodd yntau hefyd ei foli gan Gutun Owain a **Guto'r Glyn** yn ogystal, a chyfansoddodd Tudur Aled gerdd ar ei ran. Molwyd yr abad nesaf, Siôn ap Dafydd Llwyd, gan feirdd fel **Tudur Aled** a **Lewys Môn**. Yma y diweddodd daith bywyd Guto'r Glyn a Lewys Môn.

Disodlwyd yr abad nesaf i'r olaf, Robert Salsbri, ac fe'i carcharwyd maes o law yn Nhŵr Llundain am fod yn lleidr pen ffordd ac am fathu arian ffug! Dim ond chwech o fynaich oedd ar ôl pan ddiddymwyd yr abaty yn 1537.

Brodordy Dinbych

Mae hen abaty'r Brodyr Gwyn (Carmeliaid) yn cuddio y tu ôl i safle gwerthu ceir *(Abbey)*, nid nepell o'r goleuadau traffig ar waelod Stryd y Dyffryn yn Ninbych. Dim ond gweddillion yr eglwys sy'n sefyll bellach, eithr digon i ni fedru gwerthfawrogi ceinder y ffenestr ddwyreiniol ac adnabod y *sedilia* triphlyg a'r *piscina* ym mur deheuol y seintwar.

Diddorol yw sylwi mai un o'r pendefigion Normanaidd a fu'n gyfrifol am ddenu'r Brodyr Gwyn i Loegr tua 1250 oedd yr Iarll Richard, ewythr **Reginald de Grey**, Arglwydd Rhuthun ar ôl 1282. Yn ôl un traddodiad, sefydlwyd brodordy Dinbych gan **John Salisbury**, Lleweni, yn 1284. Gwelodd **Angharad Llwyd** lawysgrif yn disgrifio cofeb yn yr abaty i John Salisbury a fu farw yn 1289, a gwyddys i aelodau o'r teulu enwog hwn gael eu claddu yma. Mae traddodiad hefyd fod yr eglwys wedi'i ehangu yn 1399 gan John de Swynmore (hynafiad i **Jane Seymore**, un o wragedd Harri VIII a mam Edward VI) pan oedd yn gwnstabl castell Dinbych.

Dewisodd rhai esgobion fyw yma yn hytrach nag yn Llanelwy. Un felly oedd y Brawd Llwyd, Henry Standish, esgob Llanelwy rhwng 1518 a 1534. Gwrthwynebai'r Ddysg Newydd a'r Diwygiad Protestannaidd. Bu iddo ran yn achos Thomas Bilney, Protestant cynnar a losgwyd wrth y stanc yn 1531, ac yn 1533 roedd yn gwnsler i'r Frenhines **Catrin o Aragon** adeg ei hysgariad oddi wrth Harri VIII. Un arall oedd y rhwysgfawr Robert Wharton (*alias* Parfew), a lwyddodd i gyfuno swyddi esgob Llanelwy ac abad Abaty Clywinaidd Bermondsey! Yr oedd yn awyddus i symud yr eglwys gadeiriol a'r ysgol ramadeg o Lanelwy i Ddinbych. Cafodd ryddfraint Bwrdeistref Dinbych yn 1538 a rhoddwyd tŷ iddo o fewn muriau'r dref gan **Syr Siôn Salisbury,** Lleweni am rent o un rhosyn y flwyddyn yn daladwy ar Ŵyl Ioan Fedyddiwr.

Pedwar o frodyr oedd yn yr abaty pan ddiddymwyd ef ar 18 Awst, 1534. Ni ddymchwelwyd yr adeiladau yn fwriadol. Parhaodd yr eglwys mewn cyflwr digon da i wasanaethu fel ysgubor a llawr dyrnu, bragdy ac ystordy gwlân, ond gwnaed difrod mawr i'r adeilad gan dân ar y pumed o Ragfyr, 1898. Yn ddiddorol iawn, cynhaliwyd oedfa yn yr adeilad gan y Methodistiaid ar un adeg, ac yn ôl Glanmor, bu **Thomas Charles** y Bala yn pregethu yno.

Cyfres Broydd Cymru

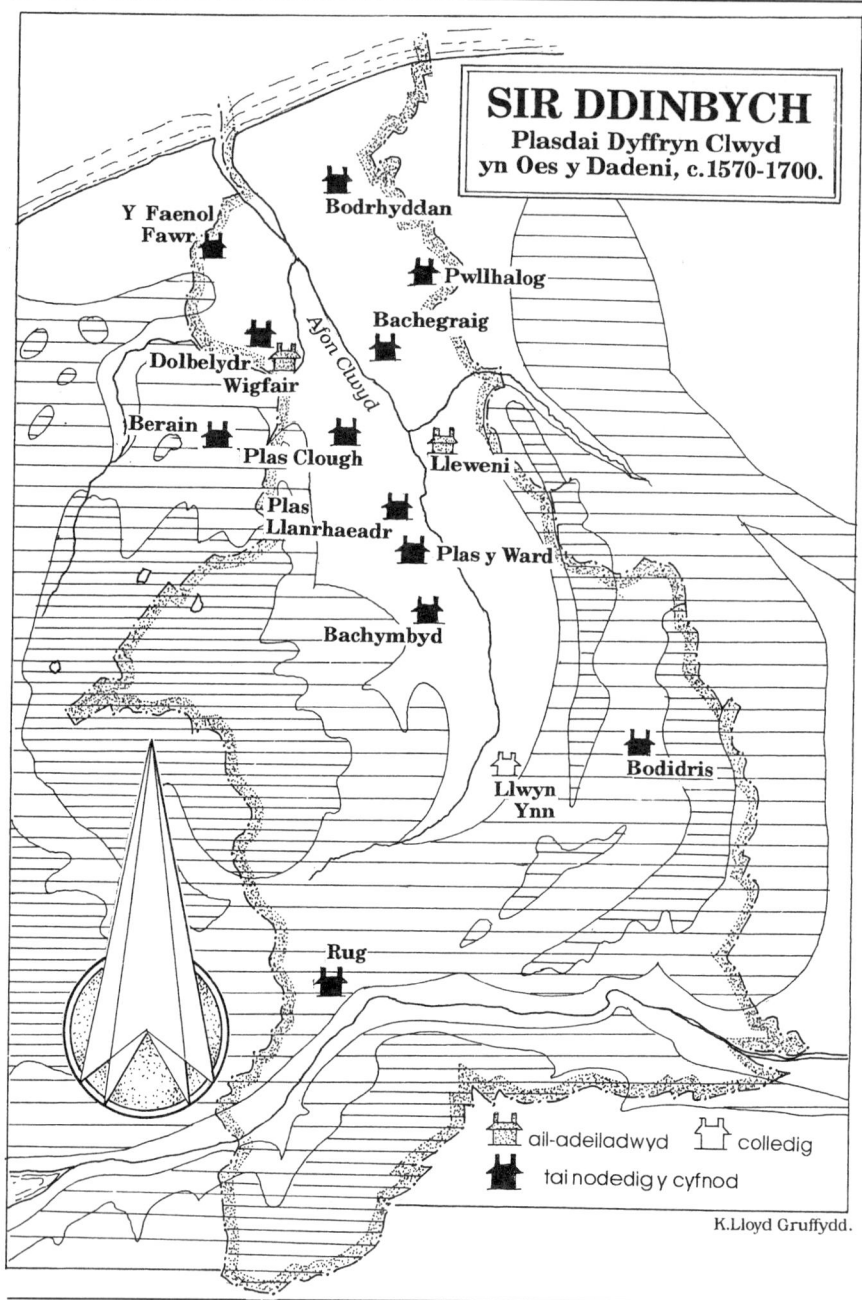

PLASTAI DYFFRYN CLWYD YN OES Y DADENI

Bachegraig (Tremeirchion)
Pan godwyd ef yn 1568, hwn yn ddiau oedd tŷ hynotaf Sir Ddinbych. Fe'i codwyd gan Rhisiart Clwch (neu Clough), mab i fenygwr o Ddinbych, a aethai i wasanaeth Syr Thomas Gresham yn Antwerp, lle ymgyfoethogodd yn aruthrol. Cododd blasty ar ffurf tŷ petryal gydag anferth o do pyramidaidd a dwy res o ffenestri *dormer* yn codi ohono. Ar frig y to safai tŵr hirsgwar, a math o feindwr yn ymestyn allan o hwnnw gyda cwpola yn goron arno. Codwyd warws ar ffurf llythyren L o flaen y tŷ gyda mynedfa drwy ganol yr asgell hiraf. Edrychai'r fynedfa hon fel porthfa i goleg neu gastell. Yr hyn a roes wir arbenigrwydd i'r adeiladau anghyffredin hyn, fodd bynnag, oedd y ffaith mai priddfeini cochion a ddefnyddiwyd i'w hadeiladu. Yn ôl y traddodiad lleol, Clwch oedd y cyntaf i ddefnyddio brics i godi tŷ yng Nghymru. Bid a fo am gywirdeb hynny, perodd Bachegraig syndod drwy'r fro. Yn ôl cywydd Simwnt Fychan, o Antwerp y mewnforiwyd y priddfeini:

Main o Anwarp maen' yno

Ac meddai Wiliam Cynwal:
Plas hynod, Powls i Wynedd.
Yn wir ni bu, cu rhag haint,
Wiwdeg gwmwd, dŷ cymaint;

Llifa afon Clwyd heibio'r tŷ, a bwriad Clwch oedd ffurfio llyn o flaen y warws a fyddai'n caniatáu i gychod gludo nwyddau oddi yno i'r Foryd a'r môr. Ni fu byw i wireddu ei freuddwyd. Erbyn hyn mae'r tŷ wedi'i ddymchwel, ond mae'r warws wedi ei throi'n annedd. Caewyd y fynedfa drwy'r porthdy, ond gwelir hyd heddiw ôl y bwa yn y mur sy'n wynebu'r ffordd fawr.

Bodidris (Llandegla)
Enghraifft yw'r plasty a welir heddiw o ailadeiladu ar hen safle. Codwyd yr annedd cyntaf gan Llywelyn ap Ynyr yn y ddeuddegfed ganrif. Yna, yn ystod yr unfed ganrif ar bymtheg, aeth teulu'r Llwydiaid ati i godi plasty newydd.

Un nodwedd o'r tŷ newydd a edmygwyd gan y beirdd oedd y tŵr. Yn ôl Siôn Tudur:

Tŵr cryf rhag trec o ryfel

Meddai Gruffydd Hiraethog:
Ysgwar dŵr ysgweier doeth.

Yr oedd yr holl dŷ yn gadarn yn wir:
Gwâl i'r beirdd, gwelir o bell,
Gwâl cystal â gwâl castell

Yn haeddu edmygedd arbennig, yr oedd y simneiau tal:
A heirddion gyrn i'w harddu
Yn bibau tân o bob tu.

Cyn diwedd yr unfed ganrif ar bymtheg gwnaed ychwanegiadau pellach at y tŷ. Erbyn heddiw, mae'n westy uchel iawn ei safon.

Dolbelydr (Trefnant/Henllan)
Plasty bychan a godwyd yn yr unfed ganrif ar bymtheg yw Dolbelydr sy'n cyfuno nodweddion pensaernïol y Canol Oesoedd diweddar ynghyd â newydd-deb chwaeth y Dadeni. Fe'i hadeiladwyd o galchfaen lleol, ac un nodwedd drawiadol i'r adeilad yw'r bwa

uwchben y drws. Fe'i naddwyd o un maen mawr – mynedfa syclopeaidd. Gellir gweld tyllau yn y muriau o bobtu'r fynedfa i dderbyn y 'styllen' a weithredai fel bollt fawr ar draws y drws. Deil y fframiau pren gwreiddiol ar gyfer y ffenestri yn eu lle. Yn anffodus, bu'r tŷ'n wag am y rhan helaethaf o'r ugeinfed ganrif, a bu bron iddo fynd yn adfail llwyr. Yn 1999, dechreuodd y *Landmark Trust* ar y gwaith llafurus o'i adfer a'i ddiogelu i genedlaethau a ddaw.

Cysylltir Dolbelydr â Henry Salesbury, uchelwr a dyneiddiwr. Bu'n fyfyriwr yn Rhydychen, lle derbyniodd ei radd gyntaf yn 1584. Yr oedd ganddo enw da fel ffisegwr yn ei ddydd, ond fel ieithydd y cofir amdano bellach. Cyhoeddodd ramadeg y Gymraeg mewn Lladin, *Grammatica Britannica* yn 1593, a dywed iddo gyfansoddi'r gwaith dros saith mlynedd ynghynt yn Nolbelydr, 'tŷ fy nhad, lle'r oeddwn wedi mynd ar y pryd i geisio adferiad iechyd'. Ymroes hefyd i lunio geiriadur Cymraeg – Lladin, nas cyhoeddwyd, ond a ddefnyddiwyd ar droad y ddeunawfed ganrif gan Edward Llwyd.

Y Faenol Fawr (Bodelwyddan)
Codwyd y plasty hwn yn 1597 gan Siôn Llwyd, Cofrestrydd Esgobaeth Llanelwy. Mae'r grisiau addurnedig ar y talcennau yn nodweddiadol o'r oes. Mae'n amlwg fod maint y gost a'r gwaith o'i godi wedi gwneud argraff fawr fel y tystia cywydd Siôn Tudur:

Seiri main cywrain, cwrant,
Seiri coed o fesur cant.
Nid oes cof, na dysg hefyd,
A fwriai'i gost fawr i gyd.

Da felly fod yr adeiladwaith a fu mor gostus yn ddi-fai!
A ni bu o fewn ei borth
Garreg gam neu gar cymorth.

Yn allanol mae'r Faenol Fawr wedi cadw'r wedd Elisabethaidd wreiddiol, ond gellir gweld rhai newidiadau y tu mewn i'r tŷ sydd wedi eu dyddio 1650 a 1725 gan yr adeiladwyr. Mae lle tân hynod addurnedig yn dangos arfbeisiau herodrol a'r dyddiad 1597 wedi ei ddiogelu, er mai nwy yn hytrach na glo a choed yw'r tanwydd bellach. Ar bwys y plas mae colomendy ac adeiladau fferm sy'n gyfoes â'r tŷ.

Erbyn heddiw, gwesty yw'r Faenol Fawr, a bob mis Tachwedd cynhelir Ysgol Lenyddol Gymraeg yma dan nawdd Prifysgol Cymru, Bangor. Gobeithio fod holl westeion y gwesty yn medru cytuno â Siôn Tudur:

Mae paradwys, mawrbwys mawl,
A nef wen yn y Faenawl!

Plas Clough (Dinbych)
Dyma blasty arall a gafodd ei godi gan Rhisiart Clwch (Clough). Gwelir uwchben y ffenestr sydd dros y fynedfa y llythrennau R.C. gyda'r dyddiad 1567. Defnyddiwyd priddfeini i adeiladu yma, fel ym Machegraig, ond cawsant eu gorchuddio. Nid oes dim yn anghyffredin yng nghynllun y tŷ, ond hwn yw'r cyntaf yng Nghymru yng nghyfnod y Dadeni i gael grisiau yn addurno crib y talcennau *(crow stepped gables)*. O bensaernïaeth yr Iseldiroedd y cafodd Clwch y syniad yn ddiau. Dynwaredwyd cynllun Plas Clough droeon, a daeth yr addurn hwn yn hynod boblogaidd yng Nghymru.

Sir Ddinbych

Yr oedd 1567 yn ddyddiad pwysig yn hanes Clwch gan iddo briodi ei ail wraig, Catrin o Ferain, y flwyddyn honno. Yntau hefyd oedd ail ŵr Catrin. Yn ychwanegol i'r plastai a godai, ac unrhyw feddiannau oedd ganddo ar y cyfandir, roedd gan Clwch eiddo yn nhref Dinbych ac yn Rhuthun, ac yr oedd Catrin eisoes wedi etifeddu tiroedd ar hyd gogledd Cymru. Nid oes rhyfedd i William Cynwal ofyn yn rhethregol:

Pa ynys? Pwy a enwai?
Pa sir na bo'i tir ne'i tai?

Ni fu'r ddau fyw fel gŵr a gwraig yn Nyffryn Clwyd, fodd bynnag. Bu farw Clwch yn Hamburg yn 1570, a chafodd ei gladdu yno. Daeth Catrin â'i galon adref gyda hi i'w chladdu yn Eglwys Wen, a dychwelodd hithau i Ferain i ddisgwyl am y trydydd ymgeisydd!

Plas Llanrhaeadr
Codwyd y plas presennol gan Catrin Wynn yn ystod ail hanner yr unfed ganrif ar bymtheg. Roedd hi'n wraig i un o Lwydiaid Bodidris, ac yn aeres i Harri Goch, Llanrhaeadr. Yr oedd ef yn un o Salbriaid Lleweni, sef mab Harri Salusbury a Marged o Loddaeth, gweddw Ieuan Fychan o Fostyn (y cyntaf o Fostyniaid Llandudno). Harri, y tad, oedd y cyntaf o'r llinach i gael ei gysylltu â Llanrhaeadr. Ni wyddom ddim am y tŷ gwreiddiol, ond canodd William Cynwal *Gywydd o ganmoliaeth i dŷ newydd Catrin Wynn ferch Hari Salbri a wnaed yn Llann Ddyfnog.* (Sylwer ar hen enw Llanrhaeadr.)

Mae'n amlwg o ddisgrifiad William Cynwal fod y tŷ wedi ei wyngalchu:

Teg wynn yw'r tŷ a ganwyd
Llewyrch hwn fal lluwch Ionawr

Uwchlaw pob dim, gwelai'r bardd gyfle am groeso wrth glera ar aelwyd hael:

Beirdd yn llu a byrddau'n llawn
Lles obru i gler llys bro glwyd.

Yn ystod y ddeunawfed ganrif daeth y tŷ i feddiant Humphrey Parry, Pwllhalog, sef teulu'r Esgob Richard Parry. Comisiynwyd cynlluniau ar gyfer plasty newydd oddi wrth neb llai na Robert Adam gan Richard Parry, ŵyr Humphrey, yn saithdegau'r ganrif. Ni ddeilliodd dim o'r cynlluniau hyn, ond codwyd estyniad Sioraidd yng nghefn y tŷ Tuduraidd. Portreir y tŷ cyfunol mewn darlun gan Moses Griffith. Yn ystod y bedwaredd ganrif ar bymtheg, ailwampiwyd y tŷ a rhoddodd y pensaer Thomas Penson unoliaeth bensaernïol iddo gyda chryn lwyddiant.

Ganed Richard Parry (a gomisiynodd gynlluniau gan Adam) yn Berkshire, lle'r oedd ei dad, Robert Parry yn byw. Cyn marw Robert, a chyn i Richard symud i Lanrhaeadr, bu mam William Jones y Morafiad yn denant yn y Plas (tua 1753). Methiant fu ei ymdrechion ef ynglŷn â'r genhadaeth Forafaidd i Ddyffryn Clwyd, a oedd i'w sefydlu yn ei gartref yn Nerwen Deg, Llanfair Dyffryn Clwyd, a bu ef a'i deulu'n byw gyda'i fam yn y Plas yn achlysurol.

Plas y Ward (Rhewl)
Cafodd y plasty canoloesol ei adnewyddu yn Oes y Dadeni gan Simon Thelwall (1526-1582) ar anogaeth ei drydedd wraig, Margaret,

merch Syr William Gruffydd o'r Penrhyn. Eisoes, fodd bynnag, bu'r Thelwaliaid (gweler dan *Rhewl* yn adran *Pentrefi Sir Ddinbych*) yn byw ym Mhlas-y-Ward am ddeg cenhedlaeth, yn ôl eu bardd teulu, Simwnt Fychan. Canodd ef *gywydd moliant i Blas-y-Ward ac i'r parlwr newydd*. Mae ansawdd yr adnewyddiad gyfryw ag i barhau tra byddo'r teulu!

Adnewyddiad anneiddil
I barhau tra fo byw'r hil.

Ymddengys fod talcen y tŷ wedi'i orchuddio â defnydd a gynhwysai crisfeini yn y cymysgedd. Maent i'w gweld yn pefrio yn yr haul:

Main grisial yw tal y tŷ
I welediad a'i loywder
A'i liw sydd fal mil o sêr.

Un agwedd ar y datblygiadau y bu Margaret yn gyfrifol amdanynt sy'n rhoi syniad i ni am ansawdd oriau hamdden uchelwyr Dyffryn Clwyd yn Oes y Dadeni yw'r ardd. Disgrifia Simwnt Fychan ardd sy'n cynnwys lawnt, llyn ac alarch neu ddau arno, a *gazebo* i gael siesta fach ynddo; lle sydd yn ddigon urddasol yn wir i iarll (arglwydd uwch na'r cyffredin!), ymweld ag ef. Dyma'r lle i fwynhau'r bywyd moethus!

Llonydd yw'r lle i hunaw,
Lle sy deg i iarll, os daw;
A llawen le, yn llen las,
Yw gardd y wraig o urddas.
Hi a wnaeth, (bo hen weithion)
Hefyd yn hardd hafdy'n hon –
Un tlysdy ar lawnt lasdeg;
Is y lawnt hon oes lyn teg,
Ac eleirch yn ymgalyn,
O liw lluwch, ar fol y llyn.

CHWEDLAU A BUCHEDDAU SAINT

Modrwy Nest (Llanelwy)
Un diwrnod, wrth iddi ymdrochi, fe gollodd Nest, brenhines y Brenin Maelgwn Gwynedd, ei modrwy. Cawsai'r fodrwy gan Faelgwn ei hun, sef hen fodrwy draddodiadol breninesau'r Hen Ogledd. Mewn cyflwr trallodus iawn, daeth Nest i Lanelwy i erfyn am gymorth Asaff, yr esgob. Gwahoddodd ef Nest a Maelgwn i swpera gydag ef y noson ganlynol. Wedi iddynt gyrraedd, datgelodd Asaff wrth Maelgwn yr hyn a ddigwyddodd. Ffromodd y brenin yn enbyd, gan wrthod derbyn eglurhad Nest o sut y collwyd y fodrwy frenhinol. Gweddïodd Asaff ar i Dduw beri i'r fodrwy gael ei darganfod.

Wedi iddynt ddyfod at y bwrdd, dechreuodd y swper gyda physgod a ddaliwyd y diwrnod hwnnw o'r afon Elwy. Pan agorodd Maelgwn ei bysgodyn ef â chyllell, wele, yng nghrombil y pysgodyn, y fodrwy golledig!

Ieuan Was Badrig (Llanrhaeadr)
Ganed Ieuan yn y Llwyn yng Nghinmeirch, yn fab i Tudur ap Elidan. Dechreuodd Duw wneud gwyrthiau drwyddo pan oedd yn fachgen deuddeg oed. Achubodd un o weision Tudur rhag brathiad angheuol gan neidr, a chyhoeddodd Ieuan na welid neidr yn y tir hwnnw hyd Ddydd y Farn.

Pan welodd fod cnydau ei dad yn cael eu difa gan frain, aeth Ieuan allan i'r maes, ac wele'r brain yn hedfan o'i flaen i ysgubor ei dad, lle y caeodd y drws arnynt.

O weld y gwyrthiau hyn, trefnodd Tudur i'w fab fynd i Fynyw (Tyddewi) i dderbyn addysg gan Padrig, Archesgob Mynyw. Pan aeth hwnnw i Iwerddon fe aeth Ieuan â llawer o ddisgyblion yno gydag ef. Un diwrnod, pan oedd Padrig angen tân, aeth Ieuan draw at gogydd i mofyn marworyn o'i ffwrn a'i gludo at yr Archesgob yn ei arffed. Pan welodd Padrig na ddeifiwyd dillad Ieuan gan y marworyn, erchodd ef i ddychwel at ei bobl ei hun i gyflawni gwyrthiau a daioni yn eu plith.

Anfonodd Duw lechen las yn nofio ar wyneb y môr i gludo Ieuan yn ei ôl i Gymru. Wedi iddo lanio ar Ynys Môn, roedd syched arno: trawodd big ei ffon yn y ddaear, ac yn y fan cododd ffynnon deg i'w ddisychedu. Teithiodd yn ei ôl i'r Llwyn yng Nghinmeirch gan fwriadu codi eglwys i Dduw yno, ond ymddangosodd angel o'i flaen gan hysbysu nad yno yr oedd i'w chodi. Cafodd orchymyn i gerdded tua'r dehau nes y gwelai iwrch yn codi, ac yn y fan honno y dymunai Duw iddo godi eglwys. Gwnaeth fel y gorchmynnodd yr angel: cerddodd nes iddo weld yr iwrch yn codi mewn lle o'r enw Cerrigydrudion. Yno y cododd ei eglwys, a saif hyd heddiw fel eglwys i Ieuan Was Badrig a Mair Magdalen.

Benlli Gawr (Llanbedr a Llangynhafal)
Yn yr oes o'r blaen, teyrnasai cawr o'r enw Benlli dros Ddyffryn Clwyd. Roedd yn frenin paganaidd a chreulon. Un diwrnod, daeth cenhadon at ei lys i ddeisyf ei ganiatâd i bregethu ffydd Crist yn ei deyrnas. Arweinydd y cenhadon oedd Cynhafal, a phan

Sir Ddinbych

ymddangosodd ger bron Benlli i ddeisyfu ei ganiatâd, gwylltiodd y brenin yn enbyd gan fygwth niwed difrifol i'r cenhadon pe feiddient bregethu Crist yn ei deyrnas. Gadawodd Cynhafal y llys gan ysgwyd y llwch oddi ar ei draed a chyhoeddi melltith ar Benlli.
Y felltith a roed arno oedd y byddai i'w esgyrn losgi yn ei gnawd. Rhuthrodd Benlli fel llew gorwyllt i drochi ei gorff yn afon Alun er mwyn lleddfu ei dwymyn, ond cymaint oedd y gwres yn ei gorff fel y troes y dŵr yn ager a gwely'r afon yn dir sych. Pan gamodd Benlli allan o'r afon, llifodd ei dyfroedd drachefn, ond unwaith y llamodd yn ei ôl i'w chanol, sychodd yr afon eto. Ceisiodd Benlli leddfu ei wres yn yr afon deirgwaith, a theirgwaith yr aeth hi'n hesb. Llosgodd Benlli'n lludw ar lan yr afon, a gelwir y fan hyd heddiw yn 'Hesb Alun'.
Cydnabuwyd Cynhafal yn sant am gyflawni'r wyrth waredigol hon, ac ef yw nawddsant pob un sy'n dioddef o'r cryd cymalau. Offrymwyd gweddïau iddo gan ddioddefwyr o'r clefyd ar hyd yr oesoedd, a phrofasant leshad. 'Dy ras a dyrr wayw ysig' meddai Gruffydd ab Ieuan ab Llywelyn Fychan (1470-1520).

Llwyd y Cap (Prion)
Am flynyddoedd maith dioddefai trigolion Prion dan greulondeb meistr tir garw a chrafangus o'r enw Llwyd y Cap. Preswyliai mewn lle o'r enw Brynlluarth, a saif ar lechwedd uwchben Pant Pastynog. Pe digwyddai i ddefaid unrhyw un grwydro ar ei dir ef, byddai'n sicr o'u dal a'u llosgi'n fyw mewn odyn galch. Aml i noson torrai brefiadau'r anifeiliaid truain ar dawelwch y fro gan godi arswyd ar bawb a'u clywsant.

O'r diwedd, daeth y dydd i Lwyd y Cap ymadael â'r fuchedd hon, ond fe'i gwrthodwyd ar yr ochr draw, gan orfodi ei ysbryd i grwydro'n anesmwyth ar y ddaear. Ymrithiai fel bwystfil rheibus ar fryniau Prion a Chyffylliog gan beri'r fath fraw fel na fentrai unrhyw un allan o'u trigfannau wedi iddi nosi.

Yr oedd yn y fro honno ŵr â dawn ganddo i drin ysbrydion. Huw Jones oedd ei enw, a chrefai ei gymdogion arno i'w rhyddhau o'r braw a achoswyd gan ysbryd aflonydd Llwyd y Cap. Gwrthodai fentro trin yr ysbryd gan ddweud nad oedd ganddo alluoedd digonol i drin un mor nerthol a dieflig.

Yn y diwedd, ildiodd Huw Jones i erfyniadau taer ei gymdogion. Dewisodd fynd i gyfarfod â'r ysbryd yn marchogaeth caseg winau. Nid yw cesig yn medru gweld ysbrydion, ac felly, pe bai un yn ymrithio o'u blaen, nid ydynt yn debygol o ddychryn. Mentrodd Huw Jones allan fin nos ar gefn ei gaseg, gyda hudlath yn un llaw a llyfr y ffurfiau datswyno yn y llall. Yn nyfnder y nos, clywodd ruo bwystfilaidd annaturiol, ac yn y man, ymffurfiodd anghenfil ffiaidd cymaint ag arth o'i flaen. Gwybu mai ysbryd Llwyd y Cap ydoedd. Roedd yr ysbryd yn rhy nerthol i'w drechu'n llwyr ar unwaith, felly defnyddiodd Huw Jones ei alluoedd i leihau maint yr anghenfil. Yn gyntaf, fe'i gwnaed yn anghenfil tua'r un maint â blaidd, ac yna tua'r un maint â chi, ac wedyn tua'r un maint â chath. Erbyn y diwedd, fe'i gwnaed yr un maint â phry; yna tynnodd Huw Jones flwch snisin o'i boced a gosod y pry yn y blwch.

Aeth Huw Jones adref heibio Llyn

Sir Ddinbych

Llewesog – llyn hynod iawn am nad oes iddo waelod. Pan gyrhaeddodd y lan, taflodd y blwch i ganol y llyn, ac ni phoenwyd neb wedyn gan ysbryd Llwyd y Cap. Cymerodd dair noson i Huw Jones drechu'r ysbryd, a chwysodd ei gaseg winau gymaint nes troi'n glaerwyn.

Huail Fab Caw (Rhuthun)
Roedd gan Caw ddau fab. Gildas, ysgolhaig duwiol ac awdur llawer o lyfrau, oedd un ohonynt, a'r llall oedd Huail, marchog nwydus ac anllad. Digwyddodd i Huail roddi ei serch ar un o ordderchadon y Brenin Arthur, a bu iddynt ymladd o'i phlegid. Clwyfwyd Arthur yn ei glun, ond maddeuodd i Huail am ei glwyfo ar yr amod na chyfeiriai fyth, dan boen ei ben, at yr anaf. Arhosodd Arthur lle'r oedd, sef Caerwys, nes iddo ddod yn iach o'i friw.

Syrthiodd Arthur mewn cariad â merch o dref Rhuthun yn ogystal. Wedi i'r briw ar ei glun wella, aeth draw i'r dref wedi ymwisgo fel merch i'w charu. Roedd marchnad yn Rhuthun y diwrnod hwnnw, ac yn ôl yr arferiad, arllwysodd yr holl drigolion o'u tai i ymuno â thwmpath dawns yng nghanol y dref wedi i'r farchnad orffen. Syllai Huail ar y merched yn dawnsio, a phan oedd Arthur, a oedd yn dawnsio fel un ohonynt, gyferbyn ag ef, dywedodd Huail wrth gydymaith: 'Buasai'r dawnsio'n bert oni bai am y cloffni'. Clybu Arthur, a gwybu mai at ei anaf ef y cyfeiriai Huail. Y noson honno, cyrchwyd Huail ger bron Arthur, ac am iddo dorri'i amod, torrwyd ei ben yntau ymaith ar garreg fawr yng nghanol y dref. Saif y garreg yno hyd heddiw, ac adweinir hi fel 'Maen Huail'.

Y Fuwch Frech (Clawddnewydd)
Amser maith yn ôl, ar lethrau Bron Bannog, porai buwch hynod iawn. Yr enw a roed arni oedd 'Y Fuwch Frech', a'i hynodrwydd oedd nad elai fyth yn hesb. Nid oedd i'r fuwch unrhyw berchennog neilltuol, a gallai unrhyw un a fynnai fynd ati i'w godro. Rhoddai'r fuwch lond y llestr o lefrith bob amser, waeth pa mor fawr oedd yr ysten.

Un diwrnod, daeth gwrach, a genfigennai at drigolion ffodus y fro, at y fuwch i'w godro. Yn lle llestr, daeth a gogor i ddal y llefrith, a pharhaodd i odro'r Fuwch Frech nes ei gwneud yn orffwyll a hesb. Rhuthrodd y fuwch gynddeiriog o lethrau Bron Bannog, a chred rhai iddi foddi ei hun. Ni welwyd mohoni fyth wedyn, ond bydd ysbryd y Fuwch Frech yn dal i grwydro'r llechweddau oedd yn gynefin iddi yn nhrymder y nos, ac weithiau ar noson stormus fe glywir ei brefu iasol.

Y Carw Gwyn (Llangar)
Roedd trigolion Edeirnion yn awyddus iawn i godi eglwys ar lan afon Dyfrdwy a fyddai'n hygyrch i breswylwyr gwasgaredig y fro. Gwahoddwyd tri hynafgwr doeth i oruchwylio a chyfarwyddo'r gwaith. Dewiswyd safle oedd ar dir gwastad lle cyfarfyddai nifer o ffyrdd, a dechreuodd y gwaith yn ddiymdroi.

Wedi dod â'r coed a'r meini at y safle, dechreuwyd ar y gwaith o osod y sylfeini. Erbyn machlud y diwrnod cyntaf, roedd haen isaf y meini sylfaen wedi'i osod. Ond ar fore'r ail ddydd, er mawr syndod i'r adeiladwyr, nid oedd unrhyw olwg o'r meini sylfaen a osodwyd yn eu lle y diwrnod blaenorol. Ar ôl ymgynghori â'r tri hynafgwr doeth, ailddechreuwyd ar y gwaith o osod y

31

sylfeini. Eto, drannoeth, pan ddychwelodd yr adeiladwyr at y safle, doedd dim golwg o'r meini sylfaen yn unman. Unwaith yn rhagor, bu ymgynghoriad â'r tri hynafgwr doeth, ac yn dilyn eu cyngor aethpwyd ati am y trydydd tro i osod meini sylfaen yr eglwys. Eto, drachefn, erbyn y bore trannoeth diflanasai'r meini sylfaen. Y tro hwn, cynghorodd y tri hynafgwr doeth yr adeiladwyr i ohirio parhau â'r gwaith nes cael cyfarwyddyd pellach ganddynt.

Wrth i'r adeiladwyr droi am adref, adroddodd un o'r hynafgwyr doeth wrth y ddau arall ei fod wedi cael breuddwyd ryfedd y noson gynt. Ynddi gwelodd belydr o oleuni llachar yn dod o'r awyr a llais o'r nef yn llefaru, 'Chwiliwch am y Carw Gwyn, a phle bynnag y gwelwch ef, yno coder yr eglwys'. Meddai un o'r ddau oedd yn gwrando, gyda syndod yn ei lais, 'Cefais innau'r un freuddwyd yn union', 'A minnau hefyd', meddai'r llall.

Cytunodd y tri na fyddai llewyrch ar y gwaith nes cael hyd i'r Carw Gwyn, ac felly penderfynasant fynd i chwilio amdano. Er mwyn ei ddarganfod cyn gynted â phosib, cytunodd y tri i ymwahanu a phob un ohonynt i fynd i gyfeiriad gwahanol a chyfarfod ei gilydd ar derfyn y dydd lle cyferfydd yr afonydd Alwen a Dyfrdwy. Er mor ddyfal y chwilio, ni welodd yr un ohonynt y Carw Gwyn, a thriwyr trist eu trem a gyfarfu ar derfyn y dydd. Wrth iddynt droi'n siomedig tuag adref, yn ddisymwth ymddangosodd y Carw Gwyn ar godiad tir uwchlaw'r afon cyn diflannu o'u golwg.

Anfonwyd cenadwri drannoeth i alw'r adeiladwyr i'r fan lle safodd y Carw Gwyn. Y tro hwn, aeth y gwaith rhagddo yn hwylus a dirwystr, ac ar fyrder adeiladwyd yr eglwys newydd. Fe'i cysegrwyd fel eglwys Yr Holl Saint, ond ar lafar galwai pobl Edeirnion hi yn Llan Carw Gwyn, a aeth yn nhreigl y blynyddoedd yn Llangarw, a bellach, yn Llangar.

DINBYCH – Y DREF A'I HENWOGION

Fe enwir tref Dinbych gan Ddeddf Uno 1536 yn dref sirol y Sir Ddinbych wreiddiol, ond y mae'n amlwg fod y dref yn bwysig am ganrifoedd cyn hynny, fel y dengys penderfyniad Edward I i godi castell yma yn 1282. Bu amddiffynfa yma cyn bod sôn am Edward, oherwydd ystyr yr enw Dinbych, sy'n hŷn o lawer na chastell y Normaniaid, yw caer (din) fechan (bych). Din*bech* a ddywed y brodorion ar lafar, sydd, yn amlach na pheidio, yn troi'n Di*mbech* (fel yn nheitl cyfrol o gerddi gan Dafydd Owen, *'Dimbech' a Cherddi Eraill*). Serch hynny, mae'r ynganiad 'bych' yn ddigon arferedig i beri fod chwedl boblogaidd i'w chael i egluro ystyr Dinbych. Yn ôl y chwedl honno, poenid trigolion y dref yn fawr gan anghenfil a elwid 'y bych', nes i Siôn y Bodiau ddefnyddio ei nerth anghyffredin i ladd y bwystfil a datgan yn fuddugoliaethus, 'Dim bych!' Roedd hen enw arall ar y lle hefyd, sef Caledfryn. Mae'r enw yn ddisgrifiad da o'r safle. Mabwysiadodd y bardd William Williams (1801-1869) yr enw fel ei enw barddol, ac fe'i dewiswyd yn ogystal fel enw ar yr Ysgol Uwchradd Fodern a wasanaethodd y fro hon cyn ffurfio'r ysgol gyfun bresennol.

Ni wyddom pwy a gododd y gaer wreiddiol, pa bryd, nac ymhle yn union y safai. Tybed a oedd yma un o fryngaerau yr Oes Haearn? Roedd gan y Tywysogion lys ar ben bryn arall ger Dinbych. Safai yn Ystrad Owain, y tu hwnt i afon Lliwen neu Ystrad (gweler *Llys Gwenllian* yn adran *Cestyll Sir Ddinbych*). Yn ôl John Williams (Glanmor), yn *Ancient and Modern Denbigh* (1856), galwodd y Tywysog Dafydd ap Gruffudd y pendefigion Cymreig i gynulliad yn Ninbych yn ystod ei wrthryfel. Tybed a oedd ef fel Arglwydd Rhufoniog a Dyffryn Clwyd wedi dechrau adeiladu castell a ddaeth yn sail i'r un Normanaidd?

Nid oedd y bywyd trefol yn rhan o'r dull Cymreig o fyw, a dewisodd Edward godi trefi newydd o gwmpas ei gestyll yng ngogledd Cymru. Mae tref a chastell Dinbych felly yn cydoesi. Saif muriau'r dref wreiddiol o hyd, ac mae'n werth cerdded arnynt er mwyn gweld golygfeydd digymar. Mewnfudwyd dinasyddion estron i boblogi'r fwrdeisdref, ac yn wir, symudwyd holl boblogaeth wledig Dyffryn Clwyd i'r ucheldir mewn ymgyrch puro ethnig, a gosodwyd y tir i'r Normaniaid.

Maes o law gorlifodd y dref ei ffiniau, a symudodd i lecyn ychydig yn is na'r castell. Yn raddol, llifodd y Cymry i mewn iddi. Adeiladwyd y dref hon o amgylch *piazza* hirsgwar. Dyma Stryd Fawr Dinbych. Mae'r ochr ogleddol yn is na'r ochr ddeheuol, a grisiau yn arwain o'r stryd at lawr gwaelod yr adeiladau ar yr ochr honno. Mae lloriau uchaf yr adeiladau hyn yn ymestyn allan ymhellach na'r llawr gwaelod, ac mae'r trosgrog yn cael ei gynnal gan res o bileri sy'n caniatáu i bobl gerdded dan gysgod y lloriau uwch. Yr enw a roddir ar lafar i'r rhes gysgodol hon yw 'y bylcie'.

Saif hen Neuadd y Dref ar yr ochr ddwyreiniol. Codwyd yr adeilad yn 1572 fel rhan o gynlluniau blaengar Robert Dudley, Iarll Caerlŷr, ar gyfer y dref. Yn wreiddiol pileri oedd yn cynnal y llawr cyntaf gan greu man cysgodol oddi tanodd i gynnal marchnad. Adferwyd yr adeilad yn gelfydd iawn yn ddiweddar fel llyfrgell ac oriel. Yr hen gloc yn y talcen yw cloc y dref o hyd. Mae'r sgwâr bychan ym mhen dwyreiniol ochr ogleddol y Stryd Fawr yn arwain at Neuadd (bresennol) y Dref, a adeiladwyd yn 1914-16, ac yma hefyd y gosodwyd cerflun Hartwell o Angel Heddwch yn 1923 fel cofgolofn i feibion y dref a gwympodd ar faes y gad.

Mae dwy stryd yn arwain allan o ben gorllewinol y Stryd Fawr; y naill, Lôn y Cariadon, yn arwain i fyny at y castell ac ymlaen at hen adeiladau Ysbyty Gogledd Cymru, a'r llall i lawr i Bwll y Grawys ac ymlaen i fro Hiraethog. Mae'n amlwg fod llyn o ryw fath wedi sefyll am genedlaethau lawer ym Mhwll y Grawys. Cysylltir yr enw ag arferiad honedig mynaich Brodordy'r Carmeliaid (gweler adran *Abatai a'r Gadeirlan*) o fynd yno i bysgota yn ystod y Grawys pan waherddid cig iddynt. Mae'n amheus, fodd bynnag, a fyddent yn bwyta cig ar unrhyw adeg. Bid a fo am hynny, mewn cyfnod diweddarach, defnyddiwyd y pwll gan rai o anwariaid y dref i drochi Methodistiaid! Cafodd merch o Lansannan a gafodd y gamdriniaeth hon iawndal gan Lys yn Llundain yn 1752. Barbara Parry oedd ei henw, a defnyddiwyd yr arian i sefydlu gwasg yn Nhrefeca.

Safleoedd Hanesyddol

Castell – gweler adran *Cestyll*.

Brodordy – gweler adran *Abatai*.

Eglwys Iarll Caerlŷr – Yn ogystal â chodi Neuadd y Dref, bwriadodd Robert Dudley godi eglwys newydd gerllaw'r un a godwyd o flaen y castell gan y Normaniaid ar gyfer eu garsiwn yn 1300, sef **Eglwys St Ilar** (dim ond ei thŵr sy'n sefyll bellach). Dechreuwyd ar y gwaith yn 1578/9 a gwnaed apêl ariannol at holl esgobion y deyrnas, eithr ni chwblhawyd y gwaith adeiladu. Mae'n bosib fod Dudley wedi bwriadu i'r eglwys fawr hon, yr unig un o'i maint i gael ei hadeiladu yn ystod teyrnasiad Elisabeth I, ddisodli Eglwys Gadeiriol Llanelwy. Ymdebyga'r adeilad i neuadd yn hytrach nag eglwys draddodiadol. Mae'n debyg y bwriadwyd i'r cynllun hwn fod yn batrwm o'r math o eglwysi a fyddai'n addas ar gyfer yr addoliad Piwritanaidd yr oedd Dudley yn ei ffafrio.

Capel Pendref – Hwn oedd capel cyntaf y Wesleaid Cymraeg. Agorwyd ei ddrysau yn 1801. Ceir gwaith coed cain y tu mewn iddo, sy'n gymorth i greu awyrgylch gynnes.

Theatr Twm o'r Nant – Codwyd yr adeilad yn 1887 fel Neuadd Goffa gan Dr Evan Pierce (1808-1895) er cof am ei fam. Addaswyd y neuadd yn theatr yn 1979. Gwelir cofeb i Dr Pierce yn Stryd y Dyffryn, sef colofn 73 troedfedd o uchder gyda cherfddelw ohono ef ar y brig. Yr oedd yn enwog am ei ymdrechion yn erbyn y clefyd colera, a bu'n faer Dinbych bum gwaith yn olynol. Fe'i claddwyd yn Eglwys Wen.

Eglwys St Joseff – Codwyd yr eglwys

Babyddol hon yn 1968 ac mae'n enghraifft o bensaernïaeth fodern, ddyfeisgar. Croga'r nenfwd pren fel carthen dros gorff rhombaidd yr eglwys. Yn y fedyddfa, ceir ffenestr o flociau gwydr lliw trwchus, o waith Jonah Jones, yn portreadu bedydd yr Iesu.

Eglwys Wen – Enwyd yr eglwys yn swyddogol ar ôl St Marchell, morwyn dduwiol o Landyrnog (Tyrnog oedd ei brawd). Enwyd mynachlog Ystrad Marchell, ger y Trallwng, ar ei hôl yn ogystal. Bu eglwys ar y safle ers y seithfed ganrif, mae'n debyg, ond mae ffurf bresennol yr adeilad yn dyddio o'r bymthegfed ganrif, ac mae'n enghraifft deg iawn o eglwysi deugorff Dyffryn Clwyd. Mae'n haeddiannol enwog am ei chofebau nodedig. (Ceir manylion am rai ohonynt yn adran yr *Enwogion*.) Yn y gangell ddeheuol, gorwedd cerfddelwau alabastr lliwiedig o Syr John a Dâm Jane Salusbury, Lleweni, gyda'u plant o'u cwmpas. Hwy oedd rhieni gŵr cyntaf Catrin o Ferain, a chyda hwy y cafodd hithau ei magu unwaith y cwblhaodd ei thad a theulu Lleweni drefniadau'r briodas blant. Safai'r plasty gwreiddiol ychydig i'r dwyrain o'r eglwys. Adeilad diweddarach a saif ar y safle hwnnw heddiw. Ar fur y gangell ogleddol mae cofeb **Humphrey Lhuyd** ar ffurf cerfwedd gŵr yn penlinio wedi ei fframio gan fwa clasurol yn null cofebau oes y Dadeni Dysg. Nesaf ato (i'r gorllewin), gwelir cofeb bres i Richard a Jane Myddleton. Fe'u dangosir yn penlinio gan wynebu'i gilydd, gyda'u naw mab yn penlinio y tu ôl i'w tad, a'u saith merch yn penlinio y tu ôl i'w mam. Ymhlith y meibion mae **Syr Thomas Myddleton** a **Syr Hugh Myddleton**. Yng nghefn yr eglwys, gwelir cofeb i **Twm o'r Nant** a osodwyd gan y Gwyneddigion, ac ar y Bwrdd Elusennau, enwir **Richard Clough**. Yn y fynwent ceir beddau Thomas Edwards (Twm o'r Nant) a **Thomas Jones o Ddinbych**:

> O glod oes, fe gludasant
> i'r graean oer gawr y Nant:
> ei roi i daw aflawen
> muriau bedd, a'i ddrama ar ben.
> Y diwinydd brwd ynni
> o'i rawd ddoeth 'roed iddi hi:
> aed a'r cryf o dwrw crefydd
> a Phawl o babell y Ffydd.

(Dafydd Owen. 'Mynwent yr Eglwys Wen', *'Dimbech' a Cherddi Eraill*)

Enwogion

Iolo Goch (c.1325-c.1398) Bardd – Fe'i cysylltir â threfgordd Lleweni, ond efallai mai yn Llechryd (sydd bellach dros y ffin yn Sir Conwy) y ganed ef. Rhydd ei ganu olwg ddiddorol ar fywyd canoloesol Sir Ddinbych, ond mae arwyddocâd mawr i'w waith fel un o'r beirdd cyntaf i ganu mawl ar fesur y cywydd.

Humphrey Lhuyd/Llwyd (1527-1568) Dyneiddiwr – Yn enedigol o Ddinbych, cafodd ei addysg yn Rhydychen (Coleg y Trwyn Pres?). Aeth i wasanaeth Henry Fitzalan, 12fed Iarll Arundel, lle bu ynglŷn â'i lyfrgell enwog. Gweithiau pwysicaf Humphrey Lhuyd oedd *Cronica Walliae* (1559) sef sail *Historie of Cambria* (1584) David Powell, *De Mona Druidum Insula* (1568) a gyhoeddwyd yn Antwerp gan

Abraham Ortelius yn ei atlas enwog (1570), a *Commentarioli Descriptionis Britannicae Fragmentum* (1568) a gyhoeddwyd gan Ortelius yng Nghwlen (1572) ac a gyhoeddwyd yn Saesneg gan Robert Twyne fel *The Breviary of Britain* (1573). Lluniodd fapiau o Gymru, ac o Gymru a Lloegr ar gyfer Ortelius ac ymddangosasant yn atodiad yr atlas (1573). Hwn oedd y map cyntaf o Gymru i ymddangos mewn atlas erioed. Bu'n Aelod Seneddol dros East Grinstead yn senedd gyntaf Elisabeth (1559), ac yn Aelod Seneddol dros Ddinbych yn ei hail senedd (1563), pryd y cyflwynodd y mesur i gyfieithu'r Beibl a'r *Llyfr Gweddi Cyffredin* i'r Gymraeg.

Rhisiart Clwch/Clough (m. 1570) Ariannwr – Mab i fenygydd o Ddinbych ydoedd. Bu yng ngwasanaeth Syr Thomas Gresham yn Antwerp, lle'r oedd yn asiant dros y Goron, a chyflwynodd Humphrey Lhuyd ac Ortelius i'w gilydd. Geilw Wiliam Cynwal ef yn Farchog Bedd Crist. Priododd Catrin o Ferain yn 1567; hi oedd ei ail wraig ac ef oedd ei hail ŵr hithau. Cododd Plas Clough a Bachegraig (gweler adran *Plastai*). Bu farw yn Hamburg, ond credir i'w galon gael ei chladdu yn Eglwys Wen, Dinbych.

Syr Thomas Myddleton (1550-1631) Masnachwr a Phiwritan – Un o feibion Richard Myddleton, Dinbych, a wnaeth gyfoeth enfawr fel masnachwr yn Llundain oedd hwn. Yr oedd yn un o gyfranddalwyr cyntaf yr East India Company. Yn 1595, prynodd gastell ac arglwyddiaeth y Waun. Gwasanaethodd fel Aelod Seneddol dros Sir Feirionnydd yn 1597 ac fel Arglwydd Raglaw yn 1599. Fe'i hurddwyd yn farchog yn 1603, a'i wneud yn Arglwydd Faer Llundain yn 1613, ac etholwyd ef yn Aelod Seneddol Llundeinig yn seneddau 1624-6. Roedd yn Biwritan ac yn un o noddwyr *Beibl Bach* 1630.

Syr Hugh Myddleton (1560-1631) Gof Aur, Mwynwr a Mentrwr – Roedd yn frawd i Syr Thomas. Bu'n Aelod Seneddol dros Fwrdeistref Dinbych rhwng 1603 a 1628. Ei fenter a'i gynlluniau ef a ddaeth â chyflenwad dŵr newydd i Lundain yn 1613. Er iddo fod yn aflwyddiannus yn ei ymgais i godi glo yn Nyffryn Clwyd, cafodd lwyddiant fel mwynwr yn Sir Aberteifi. Gwrthododd wahoddiad Syr John Wynn o Wydir i ymuno mewn menter i gau'r môr o'r Traeth Mawr (Porthmadog). Crewyd ef yn farwnig yn 1622.

Hugh Holland (1569-1633) Bardd Saesneg a Lladin – Roedd yn frodor o Ddinbych ac addysgwyd ef dan Camden yn Ysgol Westminster, ac yna yng Ngholeg y Drindod, Caergrawnt. Yr oedd yn Babydd, a bu yn Rhufain, Caersalem a Chaergystennin, ac efallai ei fod yn Farchog Bedd Crist. Ymhlith ei gydnabod gellir enwi Ben Jonson, Edmund Spenser, Philip Sydney, a William Shakespeare. Ymddangosodd soned gan Holland ar dudalen gyntaf yr argraffiad cyntaf o ddramâu Shakespeare (1623).

Thomas Edwards, Twm o'r Nant (1739-1819) Anterliwtiwr a Bardd – Yn enedigol o blwyf Llannefydd, bu'n byw yn Ninbych yn ystod dau gyfnod yn ei fywyd. Honnai iddo gyfansoddi dwy anterliwt cyn iddo fod yn naw oed a'i fod yn actio erbyn ei fod yn ddeuddeg oed. Bu'n cludo coed, ac yna gweithiodd fel saer maen, gan fynd am blwc i weithio i W.A. Madocks ar forglawdd Porthmadog. Daliai gysylltiad agos â Chymdeithas y Gwyneddigion gan gystadlu yn eu heisteddfodau, ac yn 1790, cyhoeddodd gasgliad o gerddi, *Gardd o Gerddi*, a argraffwyd gan Wasg Trefeca. Ei anterliwtiau yw coron ei waith, yn enwedig *Tri Chryfion Byd, Pedair Colofn Gwladwriaeth* a *Cybydd-dod ac Oferedd*.

Thomas Jones o Ddinbych (1756-1820) Diwinydd ac Emynydd — Fe'i ganed ym Mhlas Penucha, Caerwys, a chafodd ei drwytho'n ifanc yn y ddysg glasurol mewn ysgolion yng Nghaerwys a Threffynnon. Daeth yn Fethodist yn 1772 ac yn gyfaill i Thomas Charles yn 1784. Yn 1804, pan oedd yn byw yn Rhuthun, gosododd wasg argraffu yn ei dŷ i gyhoeddi llenyddiaeth Fethodistaidd. Symudodd hon gydag ef i Ddinbych ac fe'i gwerthodd i Thomas Gee yr hynaf yn 1813. Roedd yn ddysgedig iawn, ac ymhlith ei weithiau mae'r *Geiriadur Saesoneg a Chymraeg* (1800), a *Hanes Diwygwyr, Merthyron, a Chyffeswyr Eglwys Loegr* (1813). Roedd hefyd yn fardd a allai ganu ar y mesurau caeth, a chyfansoddodd emynau adnabyddus fel, 'Mi wn fod fy Mhrynwr yn fyw' ac 'O! Arwain fy enaid i'r dyfroedd'. Cafodd ei ordeinio'n weinidog yn ordeiniad cyntaf y Methodistiaid Calfinaidd yn 1811 a bu'n bugeilio cynulleidfa **Y Capel Mawr**, neu'r Capel Canol fel y gelwid ef yn wreiddiol.

William Alexander Madocks (1773-1828) Mentrwr a Chynlluniwr — Roedd yn fab i John Madocks, Fron Yw. Cafodd ei addysg yn Eglwys Crist, Rhydychen, ac fe'i etholwyd yn gymrawd o Goleg yr Holl Eneidiau. Cafodd ei ysbrydoli gan hanes Syr John Wynn o Wydir yn gofyn i Hugh Myddleton i gau'r Traeth Mawr, ac wedi prynu stad Tanrallt, Penmorfa yn 1798, ymaflodd yn y dasg honno ei hun, ac adeiladu Tremadog yr un pryd. Yn 1807, llwyddodd i gael deddf yn awdurdodi codi morglawdd ar draws y Traeth i adennill 3000 erw ychwanegol at y 1000 erw o'r cynllun gwreiddiol. Gyda deddf arall (yn 1821) cafwyd caniatâd i sefydlu porthladd ymhen y morglawdd, sef Porthmadog.

John Parry, Bardd Alaw (1776-1851) Cerddor — Dysgodd i ganu'r clarinét yn eglwys St Ilar tra'r oedd yn blentyn. Wedi iddo symud i Lundain, cafodd lwyddiant nodedig fel perfformiwr a chyfansoddwr. Yn 1804, cyhoeddodd *The Ancient Briton's Martial Music* ac yn 1821, cyhoeddodd *Welsh Melodies* gyda geiriau Saesneg gan Mrs Hemans, Llanelwy. Bu'n amlwg gyda cherddoriaeth yr eisteddfodau cynnar ac ysgrifennai'n gyson yn y cylchgronau Cymraeg. Mab iddo oedd **John Orlando Parry** (1810-1879), gŵr oedd yn delynor, pianydd a chanwr bariton poblogaidd iawn yn Llundain, ac yn arlunydd medrus yn ogystal.

David Griffiths, Clwydfardd (1800-1894) Gwneuthurwr clociau ac Archdderwydd — Hanai o Ddinbych. Roedd yn fardd, yn feirniad, yn

Cyfres Broydd Cymru

arweinydd eisteddfodol, ac yn y cyswllt hwn, cymerodd yr awenau defodol yng Ngorsedd y Beirdd am yn agos i drigain mlynedd hyd ei farw. Fe'i cydnabyddir fel yr Archdderwydd cyntaf yn yr ystyr fodern ac roedd hefyd yn bregethwr cynorthwyol gyda'r Methodistiaid Wesleaidd.

William Williams, Caledfryn (1801-1869) Gweinidog a Bardd – Yn fab i wehydd o Ddinbych, dysgodd yntau'r grefft gan ei daid yn Llanrwst. Ar ddechrau dauddegau'r bedwaredd ganrif ar bymtheg, cynhaliai ysgol yng nghapel y Methodistiaid. Serch hynny, gwrthwynebai gulni rhai o'r blaenoriaid, a maes o law, ymunodd â'r Annibynwyr **(Capel Lôn Swan)**. Yn 1829, ordeiniwyd ef yn weinidog gyda'r enwad hwnnw. Enillodd y gadair yn Eisteddfod Genedlaethol Biwmares yn 1832 am awdl ar y testun 'Drylliad y Rothesay Castle', a chyhoeddwyd casgliadau o'i waith fel *Grawn Awen* (1826) a *Caniadau Caledfryn* (1856). Roedd yn feirniad eisteddfodol grymus oedd â safonau uchel, a chyhoeddodd *Cyfarwyddiadur i Ddarllen ac Ysgrifennu Cymraeg* (1821) a *Grammadeg Cymreig* (1851) i wella iaith a mynegiant ei gyfoeswyr.

William Rees, Gwilym Hiraethog (1802-1883) Gweinidog, Newyddiadurwr a Llenor – Yn enedigol o Lansannan, daeth yn weinidog **Capel Annibynwyr Lôn Swan**, Dinbych yn 1837 (er iddo gael ei fagu yn Fethodist Calfinaidd). Gadawodd am Lerpwl yn 1843, sef y flwyddyn y cychwynnwyd y papur newydd *Yr Amserau* yn y ddinas honno, gydag ef yn olygydd arno. Cefnogai'r papur achosion radicalaidd gartref a thramor, a bu iddo ran allweddol yn y broses o droi'r Cymry Ymneilltuol Cymraeg yn bobl Ryddfrydol. Cyfunwyd *Yr Amserau* gyda *Baner Cymru* Thomas Gee yn 1859. Cefnogai Rees fudiadau cenedlaethol yn Ewrop (cyfarfu Mazzini a bu'r ddau'n gohebu â'i gilydd) a gwrthwynebai gaethwasiaeth yn America. Ymhlith ei weithiau cyhoeddedig toreithiog, erys apêl *Llythyrau 'Rhen Ffarmwr* (1878), sef casgliad o erthyglau a ymddangosodd yn wreiddiol yn *Yr Amserau* yn nhafodiaith Hiraethog sydd yn trafod pynciau'r dydd o safbwynt gwladwr Cymreig. Cafodd *Aelwyd F'ewythr Robert* (a addaswyd o *Uncle Tom's Cabin* Harriet Beecher Stowe), a'r nofel *Helyntion Bywyd Hen Deiliwr* (1877) dderbyniad cynnes yn eu dydd. Collodd ei farddoniaeth a'i emynau niferus eu hapêl erbyn hyn, ond erys un o'i emynau gwir fawr mewn bri, sef 'Dyma Gariad fel y moroedd'.

Robert John Pryse, Gweirydd ap Rhys (1807-1889) Llenor – Honnai'r brodor hwn o Lanbadrig, Môn, mai pedwar diwrnod yn unig o ysgol a gafodd. Roedd yn wehydd hynod gywrain, ond diwylliodd ei hun gan ddysgu Saesneg, Groeg a Lladin, a daeth yn hyddysg mewn llên a hanes Cymru. Yn 1857, symudodd i Ddinbych i weithio gyda Thomas Gee ar y *Gwyddoniadur Cymreig* a nifer o eiriaduron, ac arhosodd yno tan 1862. Ymhlith ei lyfrau pwysicaf dylid enwi *Hanes y Brytaniaid a'r Cymry* (1872-4), a *Hanes Llenyddiaeth Gymreig*, 1300-1650, a wobrwywyd yn Eisteddfod Genedlaethol Caerdydd 1883. Gwnaeth dau o'i blant enw iddynt eu

Sir Ddinbych

hunain fel beirdd – **Catherine Prichard, Buddug** (1842-1909) a **John Robert Pryse, Golyddan** (1840-1862), a fu farw yn Ninbych ac a gladdwyd ym mynwent **Eglwys Dewi Sant**.

John Williams, Glanmor (1811-1891) Offeiriad, Hanesydd a Llenor – Roedd yn enedigol o'r Rhyl, a bu'n bennaeth yr Ysgol *Blue Coat* yn Ninbych (1852-1859). Yn 1864 aeth i Goleg St Bees i'w hyfforddi ar gyfer yr offeiriadaeth, a gwasanaethodd yn Whitehaven, Amlwch, Glyn Ebwy a Llangallo gyda Llaneugrad. Roedd yn fardd a beirniad eisteddfodol brwdfrydig, a chyhoeddwyd cyfrol o'i waith yn 1865. Yn yr un flwyddyn golygodd *Carolau gan Brif Feirdd Cymru a'i Phrydyddion*, a dilynwyd y gwaith hwnnw gyda dwy gyfrol hanes, *Awstralia a'r Cloddfeydd Aur* (1852) a *Hanes yr Eglwys yng Nghymru, ynghyd â Tharddiad ac Amldaeniad Anghydffurfiaeth* (1877). Ei gyfraniad pwysicaf fel hanesydd oedd ei ddwy gyfrol Saesneg, *Ancient and Modern Denbigh* (1856) a *The Records of Denbigh and its Lordship* (1860).

Thomas Gee (1815-1898) Gweinidog, Argraffwr, a Chyhoeddwr – Fe'i ganed yn Ninbych yn fab i'r Thomas Gee a brynodd wasg Thomas Jones o Ddinbych. Wedi iddo fwrw prentisiaeth gyda'i dad, aeth i Lundain i ehangu ei brofiad gydag Eyre a Spottiswode o 1836 hyd 1838. Etifeddodd wasg ei dad yn 1845. Ei brif lwyddiannau oedd – *Y Traethodydd* (1845 ymlaen), y chwarterolyn a olygai Dr Lewis Edwards, *Y Gwyddoniadur Cymreig* (1854-1878 ac eto 1896) sef *encyclopaedia* Cymraeg gyda tua 200 o erthyglau mewn 10 cyfrol, a *Baner Cymru* (1857), wythnosolyn a gyfunwyd gyda *Yr Amserau* yn 1859 ac a gyhoeddwyd fel *Baner ac Amserau Cymru* (hyd at 1992). Drwy ddefnyddio ei bapur newydd i hyrwyddo safbwyntiau'r Blaid Ryddfrydol ac Ymneilltuaeth Gymreig, daeth Gee yn ffigwr dylanwadol dros ben ym mywyd cyhoeddus Cymru, ac fe'i gwelwyd ar ei rymusaf yn ystod Rhyfel y Degwm. Gwasanaethai fel gweinidog **Y Capel Mawr**, ond gwrthwynebai'n gryf y syniad o fugeiliaeth amser llawn.

Syr Henry Morton Stanley, John Rowlands (1841-1904) Gohebydd a Theithiwr – Ganed ef yn Ninbych dan yr enw John Rowlands, ond yn dair oed dygwyd ef i'r tloty yn Llanelwy lle bu am ddeng mlynedd. Ymfudodd i New Orleans lle cafodd ei fabwysiadu gan ddyn â'r cyfenw Stanley. Fel gohebydd ar y *New York Herald*, cafodd ei anfon i Affrica i gael hyd i David Livingstone. Aethai dwy flynedd heibio ers i unrhyw un dderbyn gair gan Livingstone, a thybid ei fod ar goll. Pan ddarganfu Stanley ef, fe'i cyfarchodd gyda'r cyfarchiad anfarwol, *'Dr Livingstone, I presume'*. Ysgrifennodd Stanley hanesion ei deithiau mewn llyfrau megis *How I found Livingstone* (1872), *Through the Dark Continent* (1878), ac *In Darkest Africa* (1890). Daeth yn Aelod Seneddol dros North Lambeth yn 1895, ac fe'i hurddwyd yn farchog yn 1899.

David Erwyd Jenkins (1864-1937) Gweinidog a Hanesydd – Deuai'n wreiddiol o Bont Yates a chychwynnodd ei yrfa fel prentis mewn siop. Rhwng 1901 a 1911 bu'n weinidog **Capel St Thomas**, addoldy Saesneg y Methodistiaid Calfinaidd yn Ninbych, ac yna rhwng 1915 a 1930 bu'n athro yn Ysgol Ramadeg y dref. Gwnaeth waith arloesol fel hanesydd Methodistaidd gan gyhoeddi nifer o weithiau. Ei gampwaith yw'r tair cyfrol swmpus ar *Thomas Charles* (1908) a enillodd iddo radd D.Litt. gan Brifysgol Lerpwl.

Syr Thomas Artemus Jones (1871-1943) Barnwr – Roedd yn fab i saer maen o'r dref a gadawodd yr ysgol yn 11 mlwydd oed. Yn 1886, fe'i cyflogwyd fel gohebydd i'r *Denbighshire Free Press*, ac o'i law ef y daeth yr adroddiadau am ddigwyddiadau Rhyfel y Degwm. Cafodd ei benodi yn aelod o staff seneddol y *Daily Telegraph* yn 1896, ond aeth i astudio'r gyfraith yn fuan wedi hynny. Gwnaethpwyd ef yn farnwr yn 1930, fe'i hurddwyd yn farchog yn 1931, ac yn 1938, dyfarnodd Prifysgol Cymru radd Ll.D. iddo er anrhydedd. Roedd yn aelod o dîm amddiffynnol Syr Roger Casement, y cenedlaetholwr Gwyddelig a ddedfrydwyd i farwolaeth yn 1916. Dadleuai dros adfer cyfundrefn gyfreithiol ar wahân i Gymru, a galwodd am sefydlu swydd Ysgrifennydd Gwladol i Gymru. Mae'n debyg mai ei waith mwyaf nodedig oedd gwrando ar achosion yn ei lys yn y Gymraeg, yn groes i ofynion y Ddeddf Uno. Bu hefyd yn gweithio'n ddygn i sicrhau llwyddiant Deiseb y Gymraeg yn y Llysoedd a esgorodd maes o law ar Ddeddf Llysoedd Cymru (1942). Wedi ei farw, cyhoeddwyd casgliad o'i ysgrifau Saesneg dan y teitl *Without my Wig* (1944).

Thomas Gwyn Jones (1871-1949) Ysgolhaig a Bardd – Brodor ydoedd o Fetws-yn-Rhos, ond treuliodd dri chyfnod o'i fywyd cynnar yn Ninbych, a phriododd merch o Ddinbych. Ymunodd â staff *Y Faner* yn 1891, ac wedi cyfnod yn Lerpwl gyda'r *Cymro* (1893/5), dychwelodd i Ddinbych fel Is-olygydd *Y Faner* ac i helpu gyda phapur Saesneg Gee, y *North Wales Times*. Ymadawodd â Dinbych eto yn 1898, ond dychwelodd am gyfnod byr yn 1906. O 1909 hyd ei farw, bu'n byw yn Aberystwyth, lle daeth yn Athro'r Gymraeg yn y Brifysgol, gan wneud enw mawr iawn iddo'i hun fel ysgolhaig Cymraeg a Cheltaidd. Enillodd gadair Eisteddfod Genedlaethol Bangor yn 1902 gyda'i awdl *Ymadawiad Arthur*, gwaith a hebryngodd gyfnod newydd ym marddoniaeth Gymraeg. Fel bardd, mae'n un o gewri'r ugeinfed ganrif. Ymhlith ei amryfal lyfrau, gellir nodi'r canlynol fel rhai pwysig o ran hanes Sir Ddinbych: *Cofiant Thomas Gee* (1913), *Cofiant Emrys ap Iwan* (1912) a *Gwaith Tudur Aled* (1926), sef pwnc ei draethawd M.A. Yn 1937, cafodd radd D.Litt. er anrhydedd gan Brifysgolion Cymru ac Iwerddon.

Kate Roberts (1891-1985) Llenor – Symudodd i Ddinbych gyda'i gŵr, Morris T. Williams, yn 1935 wedi iddynt brynu Gwasg Gee, ac yma y treuliodd weddill ei bywyd. Cyfeirir ati'n fynych fel 'brenhines ein llên' ac yn ystod y blynyddoedd bu'n byw yn Ninbych y cynhyrchwyd dros dri chwarter y gweithiau a gyhoeddodd. Serch hynny, iaith Rhosgadfan a chymdeithas Sir Gaernarfon sy'n lliwio bron y cyfan o'r hyn a ysgrifennodd. Ei gweithiau enwocaf yw: *O Gors y Bryniau* (1925), *Traed Mewn Cyffion* (1936), *Y Byw sy'n Cysgu* (1956), *Te yn y Grug* (1959), *Y Lôn Wen* (1960), *Tywyll Heno* (1962), *Tegwch y Bore* (1967). Roedd yn aelod cynnar o Blaid Cymru ac yn amlwg yng ngweithgareddau'r Blaid – yn genedlaethol ac yn etholaeth Gorllewin Dinbych. Fe'i claddwyd gyda'i phriod (a fu farw yn 1946) ym mynwent ddinesig Dinbych.

Mathonwy Hughes (1901-1999) Newyddiadurwr a Bardd – Roedd yn enedigol o Dan'rallt, Dyffryn Nantlle. O 1949 hyd 1977, ef oedd is-olygydd *Baner ac Amserau Cymru*, y swydd a ddaeth ag ef i Ddinbych. Enillodd gadair Eisteddfod Genedlaethol 1956 yn Aberdâr, a daeth yn ail yn Eisteddfod Genedlaethol y Bala yn 1967. Cyhoeddodd bedair cyfrol o gerddi: *Ambell Gainc* (1957), *Corlannau* (1971), *Creifion* (1979) a *Cerddi'r Machlud* (1986); pedair cyfrol o ysgrifau: *Myfyrion* (1973), *Dyfalu* (1997), *Gwin y Gweunydd* (1981) a *Chwedlau'r Cynfyd* (1983); cyfrol o feirniadaeth lenyddol, *Awen Gwilym R.* (1980); a hunangofiant byr am ddau ddegawd cyntaf ei fywyd, *Atgofion Mab y Mynydd* (1982). Gorwedd ei lwch ef a'i briod, Mair, ym mynwent ddinesig Dinbych.

Gwilym Richard Jones, Gwilym R. (1903-1993) Newyddiadurwr a Bardd – Yn frodor o Dal-y-sarn, Sir Gaernarfon, ef oedd golygydd *Baner ac Amserau Cymru* o 1945 hyd 1977, a chyn hynny roedd yn olygydd i *Herald Môn, Y Brython*, a *The North Wales Times*. Enillodd pob un o brif wobrau'r Eisteddfod Genedlaethol – y goron yn 1935, y gadair yn 1938 a'r fedal ryddiaith yn 1941. Cyhoeddodd bum cyfrol o gerddi: *Caneuon* (1935), *Cerddi* (1969), *Y Syrcas* (1975), *Y Ddraig* (1978) ac *Eiliadau* (1981); dwy nofel: *Y Purdan* (1942) a *Seirff yn Eden* (1963); a chasgliad o gerddi gyda Mathonwy Hughes, Rhydwen Williams a Huw T. Edwards, *Ar y Cyd* (1958). Gwelir tri emyn o'i eiddo yn *Atodiad* llyfr emynau y Methodistiaid, gyda un ohonynt yn fydryddiad o'r drydedd salm ar hugain. Ym mynwent ddinesig Dinbych y gorwedd ei weddillion ef a Myfanwy, ei briod.

Geraint Vaughan Jones (1904-1997) Gweinidog, Diwinydd a Llenor – Fe'i ganed yn Llandudno, ond treuliodd y rhan fwyaf o'i oes y tu allan i Gymru, gan ddod i Ddinbych i ymddeol yn 1974. Fe'i haddysgwyd ym mhrifysgolion Leeds, Rhydychen a Marburg. Cyfieithiad o Almaeneg i'r Saesneg oedd ei lyfr cyntaf, sef hunangofiant Hans Ehrenberg a fu'n garcharor dan y Natsïaid. Yna'n fuan wedi'r Ail Ryfel Byd, cyhoeddodd astudiaeth o broblemau gwareiddiad a gwleidyddiaeth. Ym maes diwinyddiaeth, cyhoeddodd ddau lyfr academaidd yn Saesneg ar y Testament Newydd. Ysgrifennodd nifer o nofelau Cymraeg hynod gyfoethog o ran eu themâu seicolegol a'u cyfeiriadaeth ddiwylliannol a hanesyddol megis, *Y Ffoaduriaid* (1979), *Yr Hen a'r Ifanc* (1982), *Morwenna* (1983), *Ni Ddaw Ddoe yn Ôl* (1987), *Y Leinar Olaf* (1990).

Cyhoeddodd gyfrol o straeon byrion, *Broc Môr a Storïau Eraill* (1979) a hunangofiant sy'n rhoi cipolwg ar ystod eang ei ddiwylliant a'i brofiad *Dychweliad yr Alltud* (1989).

Frank Price Jones (1920-1975) Hanesydd – Addysgwyd ef yn Ysgol Ramadeg Dinbych, ei dref enedigol, a Choleg y Brifysgol Bangor, lle bu'n diwtor yn yr Adran Efrydiau Allanol wedi cyfnod fel athro yn Ysgol Brynhyfryd, Rhuthun. Yr oedd bri mawr ar ei ddosbarthiadau allanol, a bu'r doniau a'i gwnaeth yn addysgwr disglair yn amlwg ynddo fel darlledwr hefyd. Cyhoeddodd lyfr Saesneg ar gestyll Sir Ddinbych yn 1951, a chyfrol Gymraeg ar *Thomas Jones o Ddinbych* yn 1956. Ei arbenigedd academaidd oedd hanes Cymru yn y 18fed a'r 19eg ganrif, ac wedi ei farw cynamserol, cyhoeddwyd detholiad o'i astudiaethau yn dwyn y teitl *Radicaliaeth a'r Werin Gymreig* (1975). Sosialydd ydoedd o ran ei wleidyddiaeth, a llwyddodd i gyffroi'r dyfroedd gwleidyddol yn fynych gyda'i golofn fywiog yn *Y Faner* dan y ffugenw 'Daniel'. Yr oedd yn un o sylfaenwyr Cymdeithas Hanes Sir Ddinbych a bu'n olygydd y *Trafodion* o'r rhifyn cyntaf (1952), gan osod y cylchgrawn hwnnw ar y brig fel cyfnodolyn hanes lleol. Ei gampweithiau yn ddiau yw *Crwydro Dwyrain Dinbych* (1961) a *Crwydro Gorllewin Dinbych* (1969) – cyfrolau sy'n gyforiog o wybodaeth ac yn fynegiant o'i frogarwch gwâr a chynnes.

TREFI SIR DDINBYCH

CORWEN

Ni all yr ymwelydd â Chorwen osgoi presenoldeb Owain Glyndŵr. Yno, yng nghanol y dref fechan, saif cerflun modern ohono a wnaed yn 1995 ar gomisiwn y Cyngor Cymuned gan Simon Van de Put. Mae delw Owain yn syllu ar westy sy'n dwyn ei enw a'i lun ('Yn arwydd cwrw, garw bu'r gŵr' meddai Gwallter Mechain!). Glyndyfrdwy 'piau' Owain mewn gwirionedd, ond Corwen yw canolfan Edeirnion ac mae'n ei gofio ar ran y fro gyfan. Yn Neddf Llywodraeth Leol 1972, cafodd Owain goffâd anrhydeddus iawn pan enwyd tiriogaeth cwmwd Edeirnion a chantref Dyffryn Clwyd yn Ddosbarth Glyndŵr. (Diddymwyd yr uned a'r enw gan John Redwood!)

Ni fu'r cof am Owain mor amlwg yn y gorffennol, fe ymddengys, oherwydd ar droad y bedwaredd ganrif ar bymtheg canai Bardd Nantglyn fel hyn:

Owen is Corwen wasgarwr –
 Saeson,
Er's oesoedd bu'n Arwr,
Heddyw'n isel ddinaswr,
Lle Owen deg sy'n llyn dŵr!

Am ryw reswm, caniataodd Edward I i hynafiaid Owain ddal gafael yn eu tiroedd wedi chwalfa 1282. Roedd ganddynt stadau yn Edeirnion ac yng Nghynllaith, a dau lys – y naill yng Ngharrog, a'r llall yn Sycharth. Am y llys yn Sycharth y canodd un o brif feirdd Sir Ddinbych, Iolo Goch:

Anfynych iawn fu yno
Weled na chlicied na chlo . . .
Na gwall, na newyn, na gwarth,
Na syched fyth yn Sycharth.

Ond yn ei lys yn Edeirnion y dewisodd Owain gyhoeddi'i hun yn Dywysog Cymru ar yr unfed ar bymtheg o Fedi, 1400. Oddi yno rhuthrodd ef a'i gefnogwyr i Ddyffryn Clwyd ac ymosod ar Rhuthun ar y deunawfed o Fedi. Cymerwyd rhan allweddol yn yr ymosodiad gan ŵr o Ddyffryn Clwyd, un o Lwydiaid Brynlluarth (Prion). Yna ysbeiliwyd Dinbych, Llanelwy a Rhuddlan.

Gellir gweld hyd heddiw, rhwng Corwen a Glyndyfrdwy, tomen a chadlys y llys lle cyhoeddwyd Owain yn Dywysog Cymru. Dinistriwyd yr adeiladau gan y Saeson yn 1403.

Mae i Westy Owain Glyndŵr yng Nghorwen le pwysig yn ein hanes eisteddfodol. Yma ym mis Mai 1789 y cynhaliwyd yr eisteddfod a ddygodd Gymdeithas y Gwyneddigion i mewn i weithgareddau eisteddfodol am y tro cyntaf – datblygiad pwysig yn esblygiad yr Eisteddfod Genedlaethol. Y tro hwn yn anffodus, methodd y beirniaid gytuno pwy i'w wobrwyo, Gwallter Mechain, Twm o'r Nant neu Jonathan Hughes. Anfonwyd y cynhyrchion at y Gwyneddigion yn Llundain, a dyfarnwyd Gwallter Mechain yn fuddugol (yn anhaeddiannol yn ôl rhai!).

Cynhaliwyd yr Eisteddfod Genedlaethol yng Nghorwen yn 1919, ac yma yn 1929 y cynhaliwyd Eisteddfod Genedlaethol gyntaf yr

Cyfres Broydd Cymru

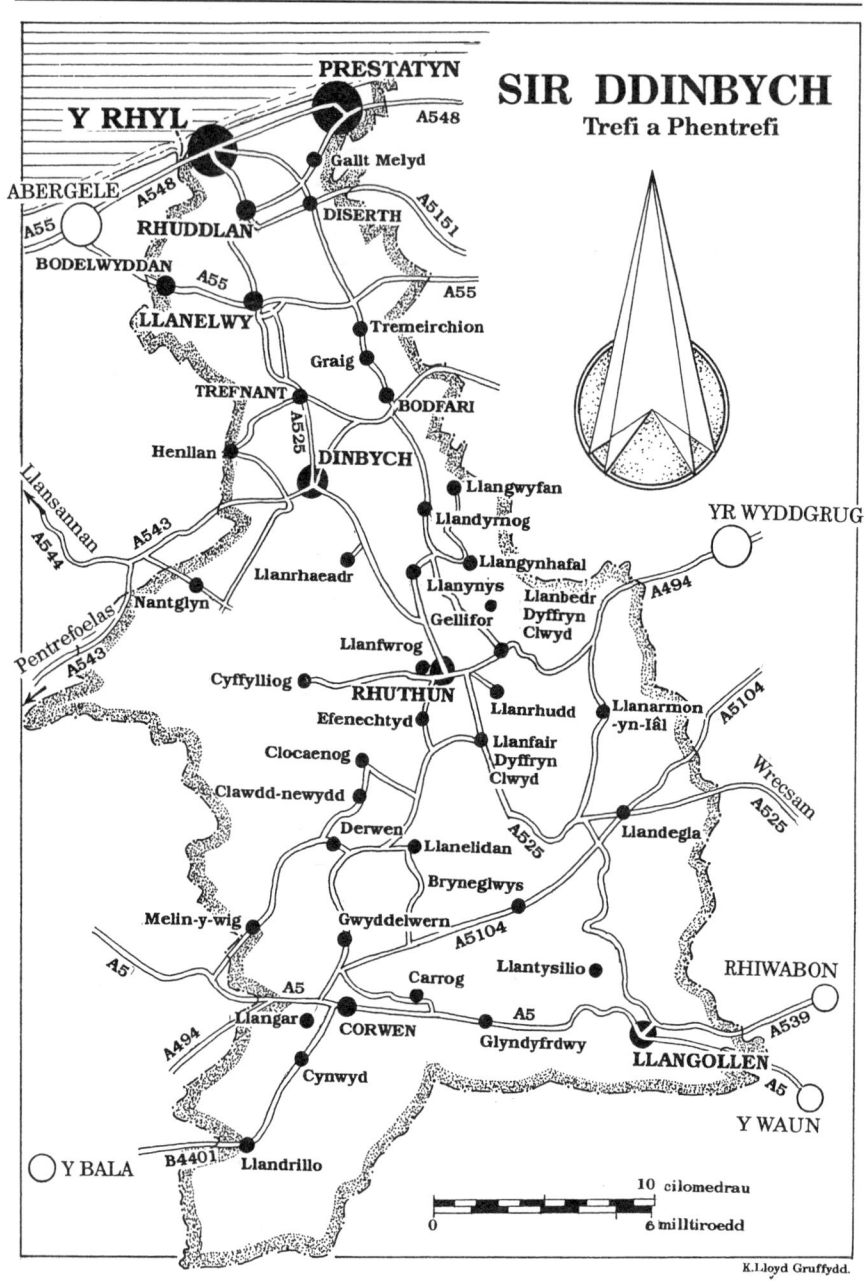

Sir Ddinbych

Urdd. Ymwelodd â Chorwen eto yn 1946. Ym Mhafiliwn Corwen cynhaliwyd Cyngerdd Cyhoeddi Eisteddfod Genedlaethol Sir Ddinbych ym mis Mehefin 2000.

Safleoedd Hanesyddol

Caer Drewyn – Gwelir olion bryngaer sy'n perthyn i'r Oes Haearn ar y safle hwn sydd uwchben y dref. Ceir adfeilion anheddau canoloesol yma hefyd.

Eglwys St Mael a Sulien – Mae'r maen hir hynafol a geir yn y fynedfa yn awgrymu fod yma safle cysegredig paganaidd cyn codi'r eglwys. Y tu mewn i'r eglwys gwelir paladr croes sydd o bosib yn dyddio o'r nawfed ganrif, bedyddfaen o'r ddeuddegfed ganrif a chofeb o'r bedwaredd ganrif ar ddeg i'r offeiriad Iorwerth Sulien sy'n ei bortreadu yn ei gasul â charegl yn ei law. Dywedir bod croes a naddwyd ar garreg sydd erbyn hyn yn linter neu gapan y drws deheuol wedi ei cherfio gan Owain Glyndŵr, a'i fod wedi taflu'r garreg tua'r eglwys pan wylltiodd ar fryn Pen-y-Pigyn, ond y tebyg yw mai carreg o gyfnod hynafol paganaidd yw hon.

Capel Rug – Capel Anglicanaidd a godwyd gan William Salusbury ('Yr Hen Hosanau Gleision') ar gyfer teulu Rug yw hwn. Mae'n addurnedig dros ben ac mae'n unol â chwaeth yr Archesgob Laud a bwysleisiai'r cysyniad o 'brydferthwch sancteiddrwydd' mewn addoliad. Gosodwyd llu o arysgrifau Cymraeg ar y muriau; rhai o'r Beibl Cymraeg (cyfieithiadau 1588 a 1620), gweithiau beirdd Cymraeg (gan gynnwys y merthyr Catholig, Richard Gwyn) a hen ddiarhebion. Mae'r capel yn berl ac yng ngofal Cadw.

Enwogion

Thomas Salusbury, 'John Parry' (1575-1625) Ysgolhaig a Iesuwr – Efallai ei fod yn aelod o deulu Rug. Addysgwyd ef yng ngholeg yr Iesuwyr yn Valladolid, Sbaen, a chafodd ei ordeinio'n offeiriad yn 1600. Fe'i dyrchafwyd yn Arolygydd ei urdd yn ne a gogledd Cymru yn 1615, a bu'n byw yng nghastell Rhaglan (oedd â pherchennog Pabyddol) fel caplan. Sefydlodd Goleg St Francis Xavier yn y Cwm, Llanrhyddol (Swydd Henffordd) yn 1622. Ei gyfieithiad ef o lyfr Eidaleg y Cardinal Bellarmine yw *Eglurhad Helaethlawn o'r Athrawiaeth Gristnogawl* (1618).

Thomas ab Ifan (Evans), Hendreforfudd (bl. 1580-1633) Bardd a Chopïwr – Yr oedd yn nai i Simwnt Fychan, ei athro barddol. Canai ar y mesurau caeth (englynion yn enwedig) a rhydd, a themâu ei ganu yw rhyw, crefftwyr gwlad a grym natur. Roedd ef ei hun yn grefftwr, ond cafodd ddamwain a'i gadawodd yn gloff. Mae'n bwysig fel copïwr llawysgrifau, a daeth llawysgrifau Roger Morris, Coed y Talwrn, i'w feddiant.

Edmund Meyrick (1636-1713) Offeiriad a Noddwr Addysg – Ganed ef yn Ucheldre a derbyniodd addysg yng

Ngholeg yr Iesu, Rhydychen. Cafodd nifer o swyddi eglwysig breision yn ne Cymru. Gadawodd waddol i sefydlu ysgol rad yn y Bala (Ysgol Tytandomen) ac i gynnal ysgoloriaethau yng Ngholeg yr Iesu, Rhydychen.

Thomas Jones (1648-1713) Argraffwr ac Almanaciwr — Mab i deiliwr, a aned yn Nhre'r-ddol. Aeth i Lundain yn 1666 lle trodd yn llyfrwerthwr a chyhoeddwr. Wedi pasio'r Ddeddf Argraffu yn 1695, a ganiataodd am y tro cyntaf i lyfrau gael eu hargraffu y tu allan i Lundain, symudodd ei fusnes i'r Amwythig. O 1680 hyd ddiwedd ei oes, cyhoeddodd almanac Cymraeg yn flynyddol. Hyn sy'n gyfrifol am ei lysenw Saesneg, *Stargazer*. Yr oedd yr almanaciau hyn yn bwysig iawn gan eu bod yn cynnig rhywbeth amgenach i'r darllenydd Cymraeg ei ddarllen na gweithiau crefyddol. Eglwyswr oedd Thomas Jones, a bu'n gyfrifol am gyhoeddi argraffiadau Cymraeg o'r *Llyfr Gweddi Gyffredin* (1687), *Llyfr Plygain* (1683) a *Taith y Pererin* (1699). Cyhoeddodd eiriadur Cymraeg-Saesneg yn 1688, *Y Gymraeg yn ei disgleirdeb*.

Robert David Rowland, 'Anthropos' (c.1853-1944) Gweinidog, Newyddiadurwr a Llenor — Mab mabwysiedig ydoedd i Robert a Beti Rowland, Tyn-y-Cefn, ac fe'i prentisiwyd yn grydd. Aeth yn ŵr ifanc i Goleg y Bala, ond symudodd i Gaernarfon i weithio yn swyddfa *Yr Herald Gymraeg*, cyn mynd at *Y Genedl Gymreig*, a olygwyd ganddo o 1881 tan 1884. Bu'n cynorthwyo hefyd gyda'r *Amseroedd*. Er iddo gael ei ordeinio'n weinidog (M.C.) yn 1887, parhaodd ei weithgareddau gyda'r wasg, a rhwng 1912 a 1932 golygodd *Trysorfa'r Plant*. Cyhoeddodd dros 20 o lyfrau, gan gynnwys barddoniaeth, ond cydnabyddir *Y Pentref Gwyn* (1909), portread o gyfnod ei febyd yn Nhyn-y-Cefn, fel ei waith gorau.

LLANELWY

Mewn dinas eglwysig fel Llanelwy ceir nifer o adeiladau hanesyddol a fu ar un adeg yn gysylltiedig â bywyd y gadeirlan. Gyferbyn â Chofeb y Cyfieithwyr saif yr hen Ganondy Fictoraidd, ac ar yr allt sy'n mynd i lawr at yr afon gwelir yr hen Elusendai a godwyd yn y ddeunawfed ganrif, ac sydd ar hyn o bryd yn dŷ bwyta yn dwyn enw'r Esgob Barrow (Esgob Llanelwy 1669-1680) a'u sefydlodd. Ychydig ymhellach, mae'r fynedfa i hen Balas yr Esgob, a godwyd tua'r un cyfnod â'r elusendai, ac yn union dros y bont gwelir yr hen Ddeondy a godwyd yn nhridegau'r bedwaredd ganrif ar bymtheg. Ar y ffordd o Lanelwy i Ddinbych saif Llyfrgell y Deon a godwyd yn 1894.

Safleoedd Hanesyddol

Yr Eglwys Gadeiriol — gweler adran *Abatai a'r Gadeirlan*.

Eglwys St Cyndeyn ac Asaff — Mae eglwys y plwyf yn eglwys ddeugorff, nodweddiadol o'r fro, gyda thrawstiau gordd yn cynnal y to. Yn y fynwent gwelir bedd Dic Aberdaron (Richard Robert Jones 1780-1843), yr ieithydd crwydrol a feddai'r ddawn i ddysgu ieithoedd byw a marw yn ddidrafferth. Cedwir ei eiriadur Cymraeg-Groeg-Hebraeg yn yr Eglwys Gadeiriol.

Ysgol Glan Clwyd – Saif ychydig ymhellach i gyfeiriad Dinbych na Llyfrgell y Deon. Symudodd yr ysgol i'r safle presennol yn 1968 (gweler dan *Y Rhyl* am gychwyniad yr ysgol), sef adeilad a agorwyd fel Ysgol Ramadeg Llanelwy yn 1857. Yr oedd yr ysgol honno yn olynydd anuniongyrchol i ysgolion a fu'n gysylltiedig â'r gadeirlan yn ysbeidiol ar hyd y canrifoedd.

Ysbyty H.M. Stanley – Hwn yw'r adeilad olaf ar Ffordd Dinbych. Fe'i sefydlwyd fel wyrcws yn 1838, ond erbyn hyn, mae'n ysbyty gydag enw'r enwocaf o breswylwyr y wyrcws, H.M. Stanley (gweler dan *Dinbych*).

Enwogion

(Am enwogion sy'n gysylltiedig â'r gadeirlan gweler adran *Abatai a'r Gadeirlan*.)

Rhosier Smyth (1541-1625) Offeiriad Pabyddol a Chyfieithydd – Ganed ef yn Llanelwy yn 1541. Tybir iddo raddio yn Rhydychen, ond ffodd i'r cyfandir yng nghanol saithdegau'r unfed ganrif ar bymtheg. Gwyddys iddo fod yn y Coleg Seisnig yn Douai a'r Coleg Seisnig yn Rhufain. Bu'n rhan o'r helynt mawr rhwng y Cymry a'r Saeson yn Rhufain, a diarddelwyd ef o'r Coleg am wrthod mynd i Loegr yn genhadwr. Credir iddo fod mewn cysylltiad â Phabyddion alltud eraill o Gymru megis Gruffydd Robert ac Owen Lewis, a'i fod wedi byw yn Rouen a Pharis. Cyfieithodd dri o lyfrau i'r Gymraeg, a'r mwyaf adnabyddus ohonynt yw *Theater du Mond sef iw Gorsedd y Byd* (1615, ailargraffwyd 1930). Dywed yr Athro Geraint Gruffydd amdano, 'ni hoffai na'r Jesiwitiaid na'r Saeson, a dymunai weld sefydlu gwerinlywodraeth, ynghyd â rhyddid cydwybod, yng Nghymru a Lloegr'.

Felicia Dorothea Hemans (1793-1835) Bardd – Bu'n byw yn Bronwylfa, sef tŷ ei mam yn Llanelwy o 1809 hyd 1825, ac yna yn Rhyllon, dros afon Clwyd, hyd 1827. Fe'i ganwyd yn Lerpwl, ond symudodd y teulu i Gwrych, Abergele, pan oedd hi'n saith mlwydd oed. Cyhoeddodd ei cherddi cyntaf pan oedd yn bymtheg oed, ac yn ystod ei harhosiad yn Bronwylfa, cynhyrchodd farddoniaeth a chyfieithiadau poblogaidd iawn. Yr oedd Wordsworth a Byron ymhlith ei hedmygwyr. Mae ei chyfrol, *Welsh Melodies* (1821) yn cynnwys cyfieithiadau o gerddi Cymraeg, ac ysgrifennodd y gerdd ramantaidd *The Meeting of the Bards* ar gyfer Eisteddfod y Cymmrodorion yn Llundain yn 1822. Ei cherdd enwocaf yw *Casabianca* sy'n agor gyda'r llinell ddramatig, 'The boy stood on the burning deck'.

LLANGOLLEN

Er bod cymaint o henebion o gylch y dref, megis Castell Dinas Brân, Abaty Glyn-y-groes a Chroes Elise, nid yw'r dref ei hun yn edrych yn hen. Serch

Cyfres Broydd Cymru

hynny, mae hanes y lle yn ymestyn yn ôl at Collen, y sant a sefydlodd y llan ac a gododd ei gell ar lan afon Dyfrdwy yn y chweched ganrif. Yn ôl un traddodiad, roedd yn un o farchogion y Ford Gron, a aeth ar bererindod i Rufain. Ymsefydlodd yn Llydaw, ac yno o hyd mae lle o'r enw Langoelan yn atgof ohono. Dychwelodd i Brydain a byw fel meudwy ar Foel Ynys Wydrin (Glastonbury Tor) yng Ngwlad yr Haf. Oddi yno daeth i'r safle cysgodol hwn rhwng Mynydd Rhiwabon a'r Berwyn. Ymhlith ei weithredoedd da yma roedd cael gwared o gawres orthrymus.

Cyfeiria Llywarch Hen at ddau o'i feibion oedd wedi eu claddu yn ystod y chweched ganrif, sef Guell yn y Rhiwfelen a Sawyl yn Llangollen.

Ni ddatblygodd Llangollen fawr ddim yn yr Oesoedd Canol, ond yr oedd yn bwysig fel man lle gellid pontio afon Dyfrdwy. Rhoddwyd awdurdod yn 1284 gan Edward I i Roger Mortimer bontio'r afon yn Llangollen a chredir i'r Esgob John Trefor (y cyntaf) ymaflyd yn yr un gwaith eto yn 1345. Tybir i'r bont a welir heddiw gael ei chodi tua 1500, ond fe'i iledwyd yn 1873, a thrachefn yn 1968. Fe'i cyfrifir ymhlith 'Saith Rhyfeddod Cymru', a phery'n olygfa od o brydferth. Yn yr haf, clywir cliciadau cannoedd o gamerâu o'i chwmpas.

O groesi'r bont i mewn i Langollen a dilyn Stryd y Castell ar ei hunion trwy'r dref, cyrhaeddir cyffordd T ac ymunir â ffordd enwog yr A5 sy'n cysylltu Llundain â Dulyn (drwy Gaergybi). Thomas Telford biau'r clod am godi safon y ffordd i'r hyn oedd yn addas i gysylltu dwy brifddinas yn 1815. Gyda dyfodiad yr A5 y dechreuodd datblygiad Llangollen fel tref: mae'n cydoesi â datblygiad y diwydiant ymwelwyr yng Nghymru. Yn ogystal â'r ffordd, bu Telford yn gyfrifol am ddod â chamlas (y *Shropshire Union*) heibio Llangollen (1808). O 1860 hyd 1964, cysylltwyd y dref â rhwydwaith y rheilffyrdd, a daeth hynny â chynnydd yn ei sgîl. Mae teithiau pleser ar y gamlas yn boblogaidd iawn heddiw, ac ailagorwyd y rheilffordd rhwng Llangollen a Charrog – pellter o tua wyth milltir, ar gyfer trenau ager.

Cyfunwyd apêl Llangollen at ymwelwyr gyda'r diwylliant Cymreig yng nghyfraniad y dref i'n hanes eisteddfodol. Yn 1858, trefnodd Ab Ithel (gweler dan **Llangynhafal**) a'i gyfeillion yr eisteddfod wironeddol genedlaethol gyntaf yn Llangollen. Codwyd pabell i ddal 5,000 o bobl a gwnaed defnydd o'r dulliau hysbysebu diweddaraf. Yr oedd yr olwg ar y Gorseddogion a nifer o orymdeithwyr llachar eraill yn cerdded drwy'r dref yn un o olygfeydd hynotaf hanes Cymru! Dyma gam hanfodol, serch hynny, ar y ffordd tuag at yr Eisteddfod Genedlaethol gyfoes. Yn 1947, yn fuan ar ôl yr Ail Ryfel Byd, bu Llangollen yn lleoliad i arbrawf eisteddfodol arall, sef Eisteddfod Gerddorol Gydwladol. Bu'r arbrawf yn llwyddiant ysgubol, ac erbyn hyn mae oddeutu 2,500 yn cystadlu bob blwyddyn. Nid oes dim yn cyfleu ysbryd yr eisteddfod hon yn well na'r arwyddair a luniwyd yn unswydd ar ei chyfer gan T. Gwynn Jones,

Byd gwyn fydd byd a gano:
gwaraidd fydd ei gerddi fo.

Arwydd o lwyddiant yr ŵyl yw'r ffaith fod Pafiliwn parhaol yn gartref i'r eisteddfod ers 1992. Mae'r cynllun yn

Sir Ddinbych

eithriadol o ddyfeisgar – beiddgar hyd yn oed. Mae rhan o'r adeilad wedi ei wneud o ddefnyddiau parhaol confensiynol, ac mae'n agored drwy'r flwyddyn ar gyfer pob math o weithgareddau. Mae rhan arall yn cael ei ymestyn fel pabell, ac yn ddigon mawr i ganiatáu lle i 4,500 o bobl i eistedd. Dyma bensaernïaeth gyfoes ar ei hyblygaf.

Erbyn heddiw, mae darpariaeth Llangollen ar gyfer ymwelwyr yn uchel ei safon ac yn chwaethus. Anodd credu fod tref mor fechan yn cynnwys oriel a thair amgueddfa: amgueddfa foduron, amgueddfa gwasanaethau'r Post Brenhinol ers 1635, ac amgueddfa'r Ysgol Fictoraidd lle gellir ail-fyw dulliau addysgu'r dyddiau a fu. Mae'r gwledydd a'r oesau yn cyfarfod yn Llangollen.

Safleoedd Hanesyddol

Eglwys St Collen – Hwn yw'r unig adeilad hynafol yn y dref ei hun. Fe'i codwyd fel eglwys deugorff yn wreiddiol, ond yn 1864-7, ychwanegwyd yr ystlys ddeheuol a'r gangell gan ei gwneud yn eglwys ddwy ystlys (o bobtu un corff). Yn ffodus, ni amharwyd ar nenfwd y ddau gorff gwreiddiol. Dyma enghraifft o waith cerfio eithriadol o gain, ac ni ddylai unrhyw un ymweld â'r dref heb weld y trysor hwn. Sylwer ar yr arysgrif Gymraeg yn yr ystlys ogleddol – 'Y nav i ti, Mair, vydd barod bob awr'. Ynddi hefyd mae cofeb fodern (1937) i Ddwy Ladi Llangollen (gweler Plas Newydd isod). Ar un adeg yr oedd capel bychan yn y fynwent dros fedd Collen, ond fe aeth yn adfail, a defnyddiwyd y cerrig i godi twr yn lle'r twr pren blaenorol tua 1750.

Abaty Glyn-y-groes – Gweler adran *Abatai a'r Gadeirlan*.

Croes Elise – Gweler adran *Ffynhonnau a Chroesau*.

Castell Dinas Brân – Gweler adran *Cestyll*.

Plas Newydd – Dyma gartref 'Dwy Ladi Llangollen', sef Lady Eleanor Butler (1739-1829) a Miss Sarah Ponsonby (1755-1831). Dewisodd y ddwy ohonynt droi cefn ar fywyd sidêt a chyfyng merched y dosbarth Eingl-Wyddelig y deuent ohono yn Iwerddon, a byw yng Nghymru fel caredigion y celfyddydau. Treulient eu dyddiau'n darllen, casglu celfi cain (yn banelau cerfiedig a ffenestri lliw) i'r tŷ, ysgrifennu llythyrau a garddio. Pan ddaethant hwy i fyw yn y tŷ yn 1780, dim ond bwthyn ydoedd, ond yn raddol fe'i trawsffurfiwyd ganddynt, a rhoesant yr enw 'Plas Newydd' ar y lle. Daeth rhai o fawrion y deyrnas i ymweld â hwy, pobl fel Syr Walter Scott, Wordsworth a Wellington. Claddwyd y ddwy, ynghyd â'u morwyn ffyddlon, ym mynwent y llan lle codwyd carreg gothig ar eu bedd. Prynwyd Plas Newydd yn 1876 gan y Cadfridog John Yorke (o deulu Erddig), a gwnaeth ef newidiadau pellach i'r adeilad. Yntau hefyd sy'n gyfrifol am addurn du a gwyn sydd ar y tu allan i'r adeilad. Yn 1908 codwyd Cylch yr Orsedd yn y gerddi ar gyfer ymweliad yr Eisteddfod Genedlaethol, ac yn niwedd pumdegau'r ugeinfed ganrif

Cyfres Broydd Cymru

codwyd cofeb i dri bardd Cymraeg – Jonathan Hughes (1721-1805), Taliesin o Eifion (Thomas Jones 1820-76) a Gwilym Ceiriog (William Roberts 1858-1919).

Pont ddŵr Pontcysyllte – Campwaith peirianneg sifil gan Thomas Telford yw'r bont ddŵr ddramatig hon. Mae'n ymestyn ar draws y dyffryn am 1,007 troedfedd a chyfyd y pedwar bwa ar bymtheg i uchder o 116 troedfedd i gludo dŵr y gamlas mewn cafn haearn. Gosodwyd y sylfeini yn 1795 a bu'r adeiladwyr wrth eu gwaith am ddeng mlynedd. Deil badau i groesi dros y bont ryfeddol hon yn gyson hyd heddiw.

Enwogion

Gruffudd Hiraethog (m.1546) Bardd ac Achyddwr – Er gwaethaf ei enw, roedd yn frodor o Langollen, ac yn eglwys St Collen y claddwyd ef. Credir mai Tudur Aled oedd ei athro barddol, ac efallai i'r enw 'Hiraethog' darddu o gysylltiad y ddau ohonynt â theulu Robert ap Rhys o Ysbyty Ifan. Yn ogystal â rhai englynion, erys deg awdl a chant ac ugain o'i gywyddau, sef mawl i uchelwyr a gwŷr eglwysig y gogledd-ddwyrain gan fwyaf. Yr oedd bri arno fel athro beirdd, ac ymhlith ei ddisgyblion tebygol gellir nodi Simwnt Fychan, Wiliam Llyn, Wiliam Cynwal, a Siôn Tudur. Arwydd o'i enwogrwydd fel achyddwr yw'r ffaith iddo gael ei benodi'n Ddirprwy Herodr dros Gymru gan y Coleg Arfau, ac erys achresi helaeth ymhlith ei lawysgrifau. Ni fu'r ffaith iddo gael ei drwytho yn y dysg draddodiadol yn rhwystr iddo gofleidio gwerthoedd a diddordebau'r Dadeni Dysg yn ogystal, ac y mae parch gwŷr fel William Salesbury ac Edmwnd Prys tuag ato'n dangos ei fod wedi llwyddo i bontio rhwng y ddau ddiwylliant. Ef a gasglodd y diarhebion Cymraeg a gyhoeddwyd gan Salesbury dan y teitl *Oll Synnwyr Pen Kembro* i gyd (1547).

Jonathan Hughes (1721-1805) Bardd – Fe'i ganed ym Mhengwern ger Llangollen, ac roedd yn gynhyrchiol dros ben fel bardd carolaidd. Gwyddys am o leiaf un anterliwt a gyfansoddwyd ganddo, *Y Dywysoges Genefetha* (1744). Cyhoeddwyd casgliad o'i gerddi yn 1778, sef *Bardd a Byrddau*, ac ef biau'r rhan fwyaf o'r cerddi yn *Gemwaith Awen Beirdd Collen* a olygwyd gan ei fab ychydig wedi ei farw. Yr oedd yn ffigwr amlwg yn eisteddfodau Llangollen a Chorwen yn 1789, a llwyddodd i ymddiddori'r Gwyneddigion yn y mudiad eisteddfodol – cysylltiad eithriadol bwysig yn hanes esblygiad y brifwyl.

John Griffith, Y Gohebydd (1821-1877) Newyddiadurwr – Ni ddengys ei yrfa lawer o gysylltiad â Sir Ddinbych, ond ym mynwent Y Fron, Llangollen, y gorwedd ei weddillion, ac fel Gohebydd Llundain i *Baner ac Amserau Cymru* (Dinbych) y gwnaeth enw mawr iddo'i hun. Brodor o'r Bermo ydoedd, ac aeth i Lundain i weithio i Syr Hugh Owen yn ei waith gorchestol gyda'r Gymdeithas Addysg Gymreig. Daeth i adnabod gwleidyddion Cymreig ei ddydd yn Llundain a bu hyn yn fantais iddo wrth lunio'i adroddiadau seneddol i'r *Faner*, ond gohebai ar bynciau o bob math gan ddod â phrif

Sir Ddinbych

bynciau'r dydd i sylw'r darllenydd Cymraeg.

Thomas Jones, Taliesin o Eifion (1820-1876) Bardd – Daeth i Langollen yn chwe mlwydd oed o Lanystumdwy, ac yma bu'n ennill ei fywoliaeth fel paentiwr a phlymiwr. Roedd yn fardd eisteddfodol brwd, ac enillodd un wobr wedi iddo farw, sef 'Cadair Ddu' Eisteddfod Wrecsam (1876). Mae un englyn o'i eiddo yn fynegiant croyw o hunanddelwedd Cymry cyfnod Victoria:

Cymru lân, Cymru lonydd – Cymru wen,
Cymru annwyl beunydd
Cymru deg, cymer y dydd,
Gwlad y gân, gwêl dy gynnydd.

W.S. Gwynn Williams, Gwynn o'r Llan (1896-1978). Cyhoeddwr Cerddoriaeth – Ef oedd Cyfarwyddwr Cerdd yr Eisteddfod Gydwladol o'i chychwyn tan ei ymddeoliad yn 1977. Yr oedd yn gyfrifol bob blwyddyn am ddewis y darnau prawf ac am y cysylltiadau rhwng y cystadleuwyr tramor a'r swyddogion lleol. Ef yn fwy na neb arall a roddodd i'r ŵyl ei safon a'i chyfeiriad artistig. Bu ei gyfraniad i'r Eisteddfod Genedlaethol yn sylweddol hefyd ac am flynyddoedd, ef oedd Pencerdd yr Orsedd.

PRESTATYN A GALLT MELYD

Ar yr wyneb, ymddengys Prestatyn fel tref glan môr heb hanes. Camargraff lwyr yw hynny. Mae'r ddaear y saif y dref arni wedi ildio toreth o olion archaeolegol, yn ymestyn yn ôl i gyfnodau cyn-hanes, sy'n brawf fod dynion wedi byw, gweithio a marw ar y llain hon rhwng môr a mynydd am ganrifoedd lawer. Gadawodd y Rhufeiniaid olion sy'n dangos fod ganddynt ddiddordeb yn adnoddau mwynol y mynydd, ac yn hwylustod y môr i ddibenion cludiant. Dadorchuddiwyd sylfeini adeiladau Rhufeinig gan yr archaeolegwyr, a bu'n bosibl iddynt adnabod nodweddion cartrefi Rhufeinig, megis ystafell dwymo ac ystafell addoli fechan. Darganfuwyd priddlechi addurnedig yr Ugeinfed Leng yma hefyd.

Dywedir yn gyffredinol mai ym Mhrestatyn y cyrhaedda Clawdd Offa ei begwn gogleddol. ('Clawdd Offa' oedd enw ysgol uwchradd fodern y dref cyn iddi gael ei throi'n ysgol gyfun.) Y gred oedd fod y Clawdd yn terfynu ger fferm a ymhyfrydai yn yr enw 'Uffern', a safai nid nepell o safle y Nant Hall Hotel ar gyrion dwyreiniol y dref.

Ar safle ger y gwesty hwn, cododd Harri II gastell yn 1157 i ddiogelu ei fynedfa i ogledd Cymru ar hyd yr arfordir o Gaer. Gosodwyd y castell yng ngofal Robert Banastre, ond ymhen rhyw dair blynedd, fe'i trosglwyddwyd i aelod arall o'r teulu, Robert de Crevecoeur. Disgynyddion iddo ef oedd teulu Conway, Plas Botryddan (gweler dan *Diserth*) – teulu a Gymreigiwyd yn llwyr. Yn 1166, gwrthymosododd Owain Gwynedd, a llwyddodd i gipio'r castell, cyn ei ddymchwel. Disodlwyd yr hen gastell gan blasty Plas y Nant a fu'n un o gartrefi'r teulu Conway.

Dwy drefgordd ym mhlwyf Gallt

51

Cyfres Broydd Cymru

Melyd oedd Nant a Phrestatyn yn wreiddiol. Crëwyd plwyf eglwysig Prestatyn (a oedd yn cynnwys Nant) yn 1860, a daeth yr awdurdod dinesig, Dosbarth Trefol Prestatyn, i fodolaeth yn 1896. Eglwys St Melyd, Gallt Melyd, sy'n adeilad canoloesol, yw'r eglwys a'r adeilad hynaf yn y dref fodern.
Araf iawn fu datblygiad y dref fodern. Pentref bychan o dai to gwellt oedd Prestatyn mewn gwirionedd nes i Henry Davis Pochin o Fodnant (lle gwelir y gerddi enwog yn Nyffryn Conwy) ddechrau prynu tir ger y traeth tua 1880. Yr oedd yn un o ddiwydianwyr mawr oes Fictoria: sefydlodd waith cemegol mawr yn Salford, lle penodwyd ef yn faer y dref. Bu'n Aelod Seneddol Stafford ac yn Ddirprwy Raglaw Sir Ddinbych. Cafodd hawl i ddod â chyflenwad dŵr a nwy, a chynllun carthffosaeth i Brestatyn. Gosododd seiliau y diwydiant ymwelwyr cynnar, a hynny a wnaeth y dref fodern yn bosibl. Mae'n bwysig nodi na fu holl drigolion y dref yn ddibynnol ar ymwelwyr – cafodd llawer o'r trigolion waith yng nglofa'r Parlwr Du, gwaith dur Shotton a gwaith neilon Maes Glas.

Safle Hanesyddol

Baddondy Rhufeinig – Ym mhen draw Melyd Avenue, sy'n cysylltu â ffordd Rhuddlan allan o Brestatyn (A547), gwelir olion Baddondy Rhufeinig. Gellir gweld olion y pileri byr oedd yn cynnal y llawr ac yn caniatáu i'r gwres gynhesu'r *caldarium*.

Enwogion

Rhys Bwting (15fed ganrif) Telynor – Yr oedd yn frodor o Brestatyn a chafodd wobr fel prif ddatgeinydd gyda'r tannau yn Eisteddfod Caerfyrddin 1451.

Gwilym Richard Tilsley, Tilsli (1911-1997) Gweinidog a Bardd – Ganed ef ger Llanidloes a chafodd ei addysgu ym Mhrifysgol Cymru, Aberystwyth a Wesley House, Caergrawnt. Bu'n weinidog gyda'r Eglwys Fethodistaidd gyda gofalaethau yn y de a'r gogledd, cyn ymddeol i Brestatyn yn 1975. Etholwyd ef yn Llywydd y Gymanfa Fethodistaidd Gymreig, bu'n Archdderwydd o 1969 hyd 1972, ac am gyfnod, bu'n golygu *Yr Eurgrawn*, cylchgrawn y Wesleaid Cymraeg. Fe'i cadeiriwyd ddwywaith am awdlau yn yr Eisteddfod Genedlaethol, yng Nghaerffili (1950) am *Moliant i'r Glowr*, ac yn Llangefni (1957) am *Cwm Carnedd*. Meddai'r *Cydymaith i Lenyddiaeth Cymru* amdanynt: 'Y maent yn boblogaidd iawn ar gyfer adrodd a chanu, y ddwy yn amlygu serch a thosturi'r awdur tuag at weithwyr diwydiannol, y naill at lowyr de Cymru a'r llall at chwarelwyr y gogledd' Ymddangosodd *Y Glöwr a Cherddi Eraill* yn 1958.

RHUDDLAN

Tra bydd yr enw byw, bydd cofio:

    Am y pryd pan fu drud waedlyd
                      gyflafan,
    Pan wnaed brad Cymru fad ar
                   Forfa Rhuddlan.

Sir Ddinbych

Y traddodiad yw fod Caradog o Wynedd wedi ymosod ar Offa o Mersia i geisio adennill y tir rhwng y clawdd a godasai Offa ac aber afon Dyfrdwy. Bu'r ymgais yn fethiant trychinebus yn ôl y gân, ond nid yw haneswyr modern yn sicr a fu'r fath frwydr o gwbl!

Safleoedd Hanesyddol

Castell Rhuddlan – Gweler adran *Cestyll Sir Ddinbych*.

Y Senedd-dy – Yn y Stryd Fawr gwelir adeilad hynafol yr olwg, gyda hen borth a ffenestr sydd bellach yn gaeëdig. Ar y wal, gosodwyd plac i ddynodi'r fan fel yr adeilad lle cyfarfyddodd senedd Edward I pan gyhoeddwyd Statud Cymru yn 1284. Er bod y senedd honno wedi cyfarfod yn Rhuddlan, nid oes unrhyw brawf mai yn yr adeilad hwn y cynhelid yr eisteddiadau.

Eglwys Fair – Mae hon yn enghraifft o eglwys a godwyd gan y Normaniaid ar gyfer garsiwn eu castell. Maes o law, ychwanegwyd ail gorff i'r eglwys. Gwelir cofebau o'r drydedd a'r bedwaredd ganrif ar ddeg ynddi – symudwyd y rhain yno o'r brodordy a ddiddymwyd gan Harri VIII. Mae un o'r cofebau hyn yn coffáu y Brawd William de Freney, Archesgob Edessa (yn Nhwrci). Saif fferm ar safle'r abaty heddiw.

RHUTHUN

Dinas wedi ei gosod ar fryn yw Rhuthun. Yn hyn o beth, mae'n debyg i Ddinbych, ac mae'n amlwg i'r ddwy dref gychwyn eu hanes fel amddiffynfeydd. O'i ddadansoddi, mae'r enw 'Rhuthun' yn ddau air – 'rhudd' a 'din'; a gwelir yr elfen 'din' hefyd yn yr enw 'Dinbych'. Ei ystyr, yn y ddau enw yw caer; ac yn achos Rhuthun, mae'r gaer yn rhudd neu goch. Daw'r cochni o liw dwfn y tywodfaen sydd mor amlwg yn y ddaear ac yng ngwneuthuriad rhai o'r adeiladau. Yn ôl yr Archddiacon D.R. Thomas, hen enw ar Rhuthun oedd 'Castell Coch yng Ngwernfor'. Ystyr 'Gwernfor' yw cors fawr, ac fel y nododd yr Archddiacon, mae 'Wern Fechan' yn dal yn fyw fel enw un ardal o'r dref. Cyfeirio at yr hen gaer mae'r gair 'castell' wrth gwrs, ac nid at y castell Normanaidd a oedd eto heb ei godi. (Am hanes Castell Rhuthun gweler adran *Cestyll Sir Ddinbych*.)

Gwelir yr elfen 'rhudd' hefyd yn yr enw 'Llanrhudd', sef yr eglwys goch. Saif yr eglwys hon ar gyrion y dref fodern, ond hi mewn gwirionedd yw eglwys gyntaf Rhuthun, ac fe'i cysegrwyd i Sant Meugan.

Gyda dyfodiad y castell Normanaidd, collodd Llanrhudd ei safle, yn union fel y gwnaeth eglwys St Marchell yn Ninbych yn sgîl adeiladu castell Normanaidd y dref honno. Roedd y Normaniaid am gael capel at ddefnydd y garsiwn a fyddai o fewn cyrraedd diogelwch y castell. John, mab Reginald de Grey, oedd yn gyfrifol am ehangu'r capel yn 1310, ac am sicrhau cyfansoddiad iddo a ddarparai ar gyfer 'coleg' o saith offeiriad i fod yn gysylltiedig ag ef. Eglwys golegol, felly, yw eglwys St Pedr, a dyna paham y gelwir offeiriad y plwyf hyd heddiw yn Warden.

Mae hanes cynnar y sefydliad eglwysig hwn yn annelwig. Sut, er enghraifft y daethpwyd i alw'r stryd sy'n mynd heibio'r eglwys yn Stryd y Prior? A fu urdd o fynaich yn cynnal yr eglwys ar un adeg, tybed? Awgrymodd D.R. Thomas fod y Brodyr Gwynion yn urdd bosibl gan mai'r de Greys a'u denodd i Loegr gyntaf (gweler eu hanes yn Ninbych yn adran *Abatai*), ond urdd y Bonhommes oedd awgrym Leland am fod teulu pwysig yn Rhuthun o'r enw Goodman (*bon* = da a *homme* = dyn). Bid a fo am hynny, fe esgorodd y sefydliad eglwysig ar sefydliad addysgol nodedig, Ysgol Rhuthun, ac yr oedd a wnelo gŵr o'r enw Goodman lawer â'i ffyniant.

Yn ogystal â bod yn ganolfan ddysg, datblygodd Rhuthun fel canolbwynt i weinyddiad y gyfraith. Hen lys barn yn dyddio'n ôl i ddechrau'r bymthegfed ganrif yw un o adeiladau mwyaf deniadol y dref, ac am ganrifoedd, cynhaliwyd brawdlysoedd yn Rhuthun nes y disodlwyd hwy gan Lys y Goron. Gan anwybyddu traddodiad hirfaith Rhuthun, adeiladwyd Llys y Goron yn yr Wyddgrug. Y dref honno oedd canolfan weinyddol sir fyrhoedlog Clwyd, ac yn sgîl hynny, collodd Rhuthun, canolfan weinyddol yr hen Sir Ddinbych, ei blaenoriaeth ym myd gweinyddiaeth sirol a llysoedd y gyfraith.

Amlygrwydd Rhuthun fel canolfan a symbol o'r gyfraith Seisnig a ddygodd ddialedd Owain Glyndŵr ar ei harglwydd a'i gastell yn 1400. Troes ei wrthryfel ef yn 1400 dref Rhuthun i fod yn symbol o ryddid a chyfiawnder cenedlaethol. Synnai ef a de Grey fel ei gilydd pe gwyddent mai'r enw a roddwyd ar y Cyngor Dosbarth a weinyddid o Rhuthun rhwng 1974 a 1996 oedd Cyngor Glyndŵr!

O holl drefi Sir Ddinbych, Rhuthun yw'r un sydd wedi diogelu ei hadeiladau hynafol orau. Canlyniad hynny yw mai hi hefyd yw'r dref sydd fwyaf deniadol i'r llygad. Anodd meddwl am sgwâr unrhyw dref arall yng Nghymru sy'n medru cystadlu â Sgwâr St Pedr o ran prydferthwch ei phensaernïaeth. Mae cerdded allan o'r sgwâr ar hyd Stryd y Castell fel cerdded ar hyd *set* ffilm hanesyddol. Pleser i'r glust yw clywed Cymraeg graenus yn cael ei siarad ar y strydoedd, a hynny gan blant ysgol yn ogystal ag oedolion. Un ffactor sy'n atgyfnerthu Cymreictod y dref yw'r farchnad da byw sy'n tynnu'r boblogaeth wledig i gerdded ei strydoedd a phrynu yn ei siopau. Erbyn hyn, y ddraig goch sy'n cyhwfan uwchben castell de Grey!

Safleoedd Hanesyddol

Eglwys St Pedr a'r Clos – Mae dau gorff yr eglwys yn nodweddiadol o'r fro, ond nid felly y meindwr urddasol sy'n edrych yn eithriadol o hardd wedi ei lifoleuo yn y nos. Ymestyn nenfwd cerfiedig hardd dros y ddau gorff. Sylwer hefyd ar ddwy gofeb bres – y naill i Edward Goodman (m.1560), a'r llall i Edward Goodman a'i deulu! Ail fab Edward oedd yr enwog Gabriel Goodman (gweler isod dan *Enwogion*), ac mae penddelw lliw ohono yn y gangell. O'r tu allan, gwelir o graffu ar y mur dwyreiniol, fel y dymchwelwyd rhan o'r eglwys. Gyda'r Diwygiad Protestannaidd, diddymwyd pob arlliw

Sir Ddinbych

o fynachaeth – addaswyd yr eglwys i fod yn eglwys blwyfol, a throwyd y clwystrau a welir yn ymestyn o ochr ogleddol yr eglwys yn gartref i'r Warden a'i deulu. Bellach, maent yn gartref i'r Seiri Rhyddion. Achubodd a gweddnewidiodd Gabriel Goodman etifeddiaeth yr eglwys, fodd bynnag, drwy sicrhau parhad ysgol ramadeg (ar ei newydd wedd) ac adeiladu **elusendai (Ysbyty Crist)** yng nghysgod meindwr yr eglwys. Wrth eu hymyl, saif hen adeiladau **Ysgol Rhuthun** sy'n dyddio o'r ddeunawfed ganrif. (Symudodd yr ysgol yn 1893 i safle newydd ar y ffordd sy'n arwain allan o'r dref tua'r Wyddgrug.) Ymhlith ei disgyblion gellir enwi'r Archesgob John Williams, y bardd Huw Morris, yr hynafiaethydd Ab Ithel a'r haneswyr, Richard Newcome a D.R. Thomas. Er mwyn mynd o'r clos i mewn i Sgwâr St Pedr eir drwy'r **pyrth haearn gyr** hardd a wnaed gan y brodyr Robert a John Davies, Croes Foel, ger Rhostyllen, yn 1727.

Sgwâr St Pedr – Wrth sefyll â'ch cefn at byrth yr eglwys, fe welir ar yr ochr chwith, tua chanol y sgwâr, dafarn y **Myddleton Arms** sydd â saith ffenest *dormer* ('saith llygad Rhuthun') yn codi allan o'r to serth. Tybir i hwn gael ei adeiladu gan Rhisiart Clwch ar batrwm nodweddiadol o'r Iseldiroedd. Yn union o'ch blaen, ym mhen pellaf y sgwâr, saif yr **Hen Lys** a adeiladwyd fel llys barn a gweinyddiaeth Arglwyddiaeth Rhuthun yn 1401, ac sydd bellach yn gartref i'r Banc National Westminster. Ar y dde, heb fod nepell o'r Llys, saif Banc Barclays ar gornel Stryd y Castell a Stryd Clwyd Uchaf. Ar un adeg, hwn oedd **Exmewe House** lle tyb rhai y ganed Gabriel Goodman. O'i flaen, gwelir clamp o garreg amrwd sy'n dwyn yr enw **'Maen Huail'** (gweler adran *Chwedlau a Bucheddau Saint* am y stori). O ddal ymlaen ar hyd Stryd y Castell ac allan o'r sgwâr, cewch olygfa drefol odidog wrth gerdded heibio cymaint o dai hynafol ar bob ochr. Y mwyaf ohonynt, ar yr ochr dde, yw **Tŷ Nantclwyd** gyda'i borth crog trawiadol; hwn oedd lletý'r barnwyr yn nyddiau brawdlys Rhuthun. O droi ar y chwith i mewn i Stryd y Llys, fe ddewch yn fuan at hen **Neuadd y Sir** a adeiladwyd yn 1790 i gadw cofnodion Llysoedd y Sesiwn Fawr, llysoedd a oedd yn unigryw i Gymru cyn iddynt gael eu diddymu yn 1830. (Dyma'r eglurhad ar ystyr enw Saesneg y stryd, Record Street.) Cynhelid brawdlysoedd Rhuthun yma, a bellach fe'i hadferwyd yn llwyddiannus dros ben fel llyfrgell.

Stryd y Ffynnon – Hon yw'r stryd sy'n mynd heibio ochr chwith yr Hen Lys wrth i chi ei wynebu o Sgwâr St Pedr. Ar y dde, gwelir siop yn dwyn yr enw **'Siop Nain'**, lle bu gwasg argraffu unwaith, ac yma argraffwyd *Hen Wlad Fy Nhadau* am y tro cyntaf yn 1860. Ychydig ymhellach, gwelir **Pendref**, capel yr Annibynwyr a adeiladwyd yn 1827. Perthyn urddas syml a solet iddo. Yn 1848 daeth 'J.R.', brawd 'S.R.' Llanbrynmair yma yn weinidog am gyfnod byr. Yna, yn agos at ben y stryd, ar y chwith, gwelir **Y Tabernacl**, capel y Presbyteriaid. Codwyd y capel yn 1889-91 ac mae iddo gynllun anarferol iawn. Mae tu blaen y capel yn anfethodistaidd o addurnedig a'r cefn yn Biwritanaidd blaen! Oddi mewn, mae'r addoldy wedi'i drefnu ar ffurf

Cyfres Broydd Cymru

pedol gyda'r rhesi seddau'n disgyn nes cyrraedd y llawr isel. Gweinidog enwocaf yr eglwys yn ddiau oedd Emrys ap Iwan (gweler dan *Rhewl*).

Stryd Clwyd – Gedy'r stryd hon Sgwâr St Pedr ger Exmewe House. Cyn cyrraedd afon Clwyd gwelir adeiladau **Yr Hen Garchar** ar y dde. Dyddia rhannau hynaf yr adeilad yn ôl i 1775, ond peidiodd â gwasanaethu fel carchar yn 1916. Erbyn hyn, mae'n gartref i Archifdy Sir Ddinbych, ac fe'i datblygir ymhellach fel amgueddfa.

Stryd y Farchnad – Dylid gadael Sgwâr St Pedr heibio'r Castle Hotel ar eich chwith i ddod i'r stryd hon, lle saif Neuadd y Dref (1865) a Swyddfa Sirol yr hen Sir Ddinbych (1908). Ymhellach eto, ar y chwith, saif **Bathafarn**, capel y Wesleaid. Codwyd yr adeilad hwn yn 1869, ac mae'n coffáu tad Wesleaeth Gymraeg, sef Edward Jones, Bathafarn (gweler *Enwogion* isod). Erbyn hyn, symudwyd carreg ei fedd o Leek yn Lloegr i le amlwg ar dir y capel.

Llanrhudd – Mewn llecyn y tu hwnt i ffiniau'r dref y saif mameglwys y plwyf. Prif drysorau'r eglwys fach (un corff) hon yw croglen hynod gain, cofebion i deulu pwysig y Thelwalliaid, a charreg fedd yn y llawr i goffáu rhieni Edward Jones, Bathafarn.

Enwogion

Gabriel Goodman (1528-1601) Diwinydd ac Addysgwr – Yr oedd yn fab i ddilledydd o dref Rhuthun. Cafodd ei addysg ym Mhrifysgol Caergrawnt, bu'n gymrawd o Goleg Crist a Choleg yr Iesu, Caergrawnt, a derbyniodd ei ddoethuriaeth o Goleg St Ioan. Penododd William Cecil (Arglwydd Burleigh) ef yn gaplan ac athro yn Hadfield House tua 1555. Gan mai Burleigh oedd yn llywio bywyd gwleidyddol y deyrnas adeg teyrnasiad Elisabeth I, roedd Goodman yn ddolen gyswllt bwysig dros ben rhwng y llywodraeth a Chymru. Daeth ef ei hun yn ddylanwadol iawn ym mywyd eglwysig y deyrnas gan ddal swydd Deon Westminster am gyfnod maith o 1561 hyd 1601. Cafodd ei gyflwyno droeon fel ymgeisydd am esgobaeth, ond bu'n aflwyddiannus. Serch hynny, ei waith ef yw'r cyfieithiad o I Corinthiad yn y Beibl Saesneg a adwaenir fel *Beibl yr Esgobion* (1568). Bu o wasanaeth mawr i William Morgan wrth iddo lywio'r Beibl Cymraeg drwy'r wasg yn Llundain (1587-8), gan gynnig llety iddo a chymorth ysgolheigaidd gyda darllen y proflenni. Bu'n gymwynaswr i'w dref enedigol hefyd drwy sefydlu elusendai Ysbyty Crist (1590) ac ailsefydlu Ysgol Ramadeg Rhuthun (1595). Canodd Simwnt Fychan fawl iddo.

Richard Parry (1560-1623) Esgob a Chyfieithydd – Gŵr o Sir Ddinbych oedd Richard Parry, ond gan fod anghytundeb ymhlith haneswyr ynglŷn â'i fan geni (gweler *Cwm* a *Phwllglas*), y peth diogelaf yw ei gynnwys ymhlith enwogion Rhuthun! Yn sicr bu ganddo gysylltiad â'r dref. Cafodd addysg yn Ysgol Westminster (dan William Camden) a choleg Eglwys Crist, Rhydychen. Yn 1584, gwnaed ef yn bennaeth Ysgol Rhuthun yn syth ar ôl iddo gael ei ordeinio. Yn 1599 fe'i dyrchafwyd yn Ddeon Bangor, ac yn 1604 dilynodd William Morgan fel Esgob Llanelwy. Yn y swydd honno, ymgymerodd gyda Dr John Davies (gweler dan *Llanferres*) â'r gwaith o baratoi argraffiad diwygiedig o'r Beibl (1620) a'r *Llyfr Gweddi Gyffredin* (1621) Cymraeg. Mae'n ddigon posib fod John Davies wedi bod yn ddisgybl iddo yn Rhuthun, ac fel mae'n digwydd, daethant yn frodyr-yng-nghyfraith (gweler dan *Pwllglas*).

Edward Pugh (1761-1813) Arlunydd – Fe'i ganed yn Rhuthun, ac yma hefyd y claddwyd ef. Treuliodd flynyddoedd yn Llundain, ac arddangoswyd 23 o'i ddarluniau yn yr Academi Frenhinol rhwng 1793 a 1808, gan gynnwys portread o Twm o'r Nant. Mân-ddarluniau yw llawer o'i gynnyrch a byddai'n paratoi tirluniau a lluniau pensaernïol ar gyfer llyfrau fel *Modern London* (1805). Paratôdd luniau ar gyfer *Remarks on a Tour to North and South Wales* (1799) gan Henry Wigstead. Yn dilyn awgrym John Boydell, aeth i chwilio am safleoedd yng ngogledd Cymru a fyddai'n addas i artistiaid eu darlunio, a chyhoeddodd fanylion a thirluniau yn deillio o'i deithiau yn dwyn y teitl *Cambria Depicta* (1816). Meddai Peter Lord amdano:

> Dymunai gyflwyno Cymru o safbwynt rhywun o'r tu mewn a oedd yn adnabod ei famwlad . . . dangosodd Pugh nad Hen Frythoniaid yn unig oedd y Cymry mwyach ond cenedl y gellid disgwyl iddi gynnal diwylliant modern (*Delweddu'r Genedl*).

Edward Jones, Bathafarn (1771-1837) Arloeswr Wesleaeth Gymraeg – Magwyd ef ar fferm Bathafarn, Llanrhudd, ac fe'i haddysgwyd yn Ysgol Rhuthun. Aeth i weithio am gyfnod mewn gwaith cotwm ym Manceinion, lle ymunodd â'r Methodistiaid Wesleaidd. Er lles ei iechyd, dychwelodd i Rhuthun a dechrau seiat Wesleaidd yno yn 1800. Credir iddo fod yn un o'r rhai a ddylanwadodd ar y Gyngres Wesleaidd i agor maes ymhlith y Cymry Cymraeg. Cafodd ei ordeinio'n weinidog yn 1802. O 1817 ymlaen, llafuriodd mewn cylchdeithiau Seisnig, ac yn Leek, Swydd Stafford, y claddwyd ef.

Y RHYL

Codwyd y dref ar dir a adferwyd o Forfa Rhuddlan, gwaith a awdurdodwyd gan y Senedd yn 1794 gyda'r *Rhuddlan Marsh Embankment Trust Act*. Dywed yr Archddiacon D.R. Thomas mai tarddiad yr enw yw 'Yr hel', sef tir y bydd y llanw yn llifo drosto, ac un o gyfystyron 'hel' yng *Ngeiriadur Prifysgol Cymru* yw 'morfa'.

Dechreuodd y cyrchu at lan y môr pan adeiladwyd y gwestai cyntaf. Cafwyd gwasanaeth llongau rhwng Lerpwl a'r Foryd (aber afon Clwyd) i gludo'r ymwelwyr cynharaf, ond gyda dyfodiad y rheilffordd yn 1848 yr oedd cynnydd sylweddol i'w ddisgwyl. Apwyntiwyd comisiynwyr dan y *Rhyl Improvements Act* (1852) i ofalu am ddatblygu gwasanaethau cyhoeddus fel carthffosiaeth, cyflenwadau dŵr a nwy, heddlu ac yn y blaen. Canlyniad eu hymdrechion hwy yw'r dref brysur sydd yn dynfa i filoedd o ymwelwyr a siopwyr bob blwyddyn. Môr a thywod, candi-fflos a roc, peint a burger – y rhain yw atyniadau *Sunny Rhyl*. Erbyn heddiw, ymddengys y dref fel rhyw fath o Blackpool, sy'n ddigyswllt â Dyffryn Clwyd. Mae peth gwirionedd yn hynny, ond manteisiodd poblogaeth frodorol y Dyffryn lawn cymaint â gwerin Sir Gaerhirfryn ar y ffeiriau gwagedd, y traeth, y pictiwrs a'r lladron unfreichiog. Lle i fod yn hapus ynddo yw'r Rhyl, a lle i anghofio eich hun.

Gwelodd y dref ifanc hon godi mwy o adeiladau beiddgar yn ystod yr ugeinfed ganrif nag unrhyw dref arall yng ngogledd Cymru, ond yn ystod tri degawd olaf y ganrif gwelodd eu dymchwel hefyd. Aeth y Taj Mahal o Bafiliwn Edwardaidd a'r pier, collwyd sinemâu mawreddog Colwyn Foulkes, y *Plaza* a'r *Regal*. Adeilad yr *Odeon* yn unig a saif i'n hatgoffa o'r gogoniant a fu. Gorau po leied a ddywedir am yr hyn a gymerodd eu lle!

Fel tref sy'n arbenigo mewn croesawu ymwelwyr, gallai'r Rhyl wneud ei chyfraniad ei hun i ddiwylliant Cymraeg. Mae'n cynnig ei hun fel cartref i'r Brifwyl, ac fe wnaeth hynny droeon. Ymwelodd yr Eisteddfod Genedlaethol â'r Rhyl yn 1892, 1904, 1953 a 1985, a chynhaliwyd Eisteddfod Genedlaethol yr Urdd yn y dref yn 1940 ac yn 1974. Bu eisteddfodau nodedig eraill yma hefyd, megis Eisteddfod Gadeiriol 1863 lle'r oedd bri mawr ar y gystadleuaeth nofio – yn wyneb haul, llygad goleuni!

Safleoedd Hanesyddol

Eglwys y Drindod – Adeiladwyd yr eglwys fechan hon yn 1835, ond cymaint oedd cynnydd y dref fel y bu'n rhaid agor eglwys fawr St Thomas, o waith Syr Gilbert Scott, drws nesaf iddi yn 1860. Parhaodd yr eglwys fach i wasanaethu cynulleidfa Gymraeg y Rhyl am flynyddoedd. Mae dwy gofeb ddiddorol ynddi – y naill i Ieuan Glan Geirionydd a fu'n ficer yma am gyfnod byr yn 1854-5, a'r llall i Angharad Llwyd a fu'n byw yn y Rhyl ar ddiwedd ei hoes (gweler *Enwogion* isod).

Ty'n y Rhyl – Y tŷ hwn, sydd ar y ffordd i gyfeiriad Rhuddlan, oedd cartref Angharad Llwyd. Yn ôl rhai, dyma'r tŷ cynharaf i'w godi yn y Rhyl, ac mae'n rhagflaenu'r dref. Mae paneli coed y parlwr yn ddiddorol, a dywedir fod y lle tân wedi'i amgylchu â darnau pren addurnedig o wely'r Frenhines Catrin o Aragon. Ar hyn o bryd, mae'n dŷ bwyta o safon, yn dwyn yr enw *Barratts Restaurant*.

Ysgol Dewi Sant – Saif yr ysgol yn bellach o'r dref ar y ffordd i Rhuddlan. Hwn oedd safle gwreiddiol Ysgol Glan Clwyd, sef yr ysgol uwchradd gyntaf i ddefnyddio'r Gymraeg fel iaith ei gweinyddiaeth a phrif gyfrwng ei haddysgu. Agorodd ei drysau am y tro cyntaf yn 1956. Yr oedd Ysgol (gynradd Gymraeg) Dewi Sant eisoes yn bodoli yn y Rhyl ers 1949. Cyn dyfodiad yr ysgolion Cymraeg, roedd yr adeilad yn ysgol breswyl Fethodistaidd yn dwyn yr enw *Epworth College*. Un a fu'n ddisgybl ynddi oedd Syr Peter Thomas, Ysgrifennydd Gwladol Cymru cyntaf y Toriaid.

Enwogion

Angharad Llwyd (1779-1866) Hynafiaethydd – Yr oedd yn ferch i John Lloyd, rheithor Caerwys (lle ganed hi), a fu'n gydymaith i Thomas Pennant. Copïodd nifer fawr iawn o lawysgrifau ac ymhyfrydai mewn hel achau. Cyhoeddodd nifer o weithiau, a'r pwysicaf ohonynt oedd *History of the Island of Mona* a ddaeth yn fuddugol yn Eisteddfod Biwmares, 1833. Cedwir casgliad sylweddol iawn o'i llawysgrifau yn y Llyfrgell Genedlaethol.

Thomas Iorwerth (T.I.) Ellis (1899-1970) Awdur ac Arweinydd ym myd Addysg a Diwylliant – Roedd yn fab i'r Aelod Seneddol Fictoraidd, Tom Ellis, a chafodd addysg yn Ysgol Westminster, Prifysgol Cymru Aberystwyth a Choleg yr Iesu, Rhydychen. Clasurwr ydoedd yn academaidd, ond daeth i amlygrwydd cenedlaethol fel arweinydd Undeb Cymru Fydd (bu'n ysgrifennydd i'r mudiad rhwng 1941 a 1967). Dyfarnodd Brifysgol Cymru radd Ll.D. iddo er anrhydedd yn 1967. Bu'n brifathro Ysgol Sir y Rhyl o 1930 hyd 1940. Ysgrifennodd chwe chyfrol yn y gyfres *Crwydro Cymru* (gan gynnwys *Crwydro Sir y Fflint*, 1959), dwy gyfrol cofiant i'w dad (1944 a 1948), ynghyd â llu o bamffledi a llyfrau ar bynciau gwleidyddol, addysgol a diwylliannol.

Robert Tudur Jones, Dr Tudur (1921-1998) Diwinydd – Cafodd ei fagu yn y Rhyl er mai yn Eifionydd y ganed ef. Fe'i haddysgwyd yn y Rhyl (lle bu'n ddisgybl i T.I. Ellis), Prifysgol Cymru, Bangor, a Choleg Mansfield, Rhydychen. Treuliodd gyfnod byr ym Mhrifysgol Strasbourg. Dechreuodd ar ei alwedigaeth fel gweinidog gyda'r Annibynwyr yn Aberystwyth, ond cafodd swydd academaidd yng Ngholeg Bala-Bangor yn fuan wedyn, gan ddod yn Brifathro yn 1965. Gwnaeth enw rhyngwladol iddo'i hun fel hanesydd eglwysig. Mae rhestr ei gyhoeddiadau'n faith iawn, ond gellir nodi *Vavasor Powell* (1971), *The Desire of Nations* (1974), a *Ffydd ac Argyfwng Cenedl* (1981/2). Bu'n Llywydd Cynhadledd Annibynwyr y Byd ac Undeb Annibynwyr Cymru a gwasanaethodd fel Cymedrolwr Cyngor Eglwysi Rhyddion Lloegr a Chymru. Safodd fel ymgeisydd seneddol dros Blaid Cymru ddwy waith a bu'n Is-lywydd y blaid honno yn ogystal.

Cyfres Broydd Cymru

PENTREFI SIR DDINBYCH

BODELWYDDLAN

Safleoedd Hanesyddol

Castell Bodelwyddan – Rhoddwyd ffurf i'r adeiladau presennol yn ystod tridegau'r bedwaredd ganrif ar bymtheg, ond roedd tŷ'n sefyll yma yn oes Elisabeth I mae'n debyg. Bu ar un adeg yn ysgol breswyl i ferched, *Lowther College*. Bellach mae rhan o'r safle yn westy a rhan wedi'i adfer i'w wychder Fictoraidd fel cartref i oriel y *National Portrait Gallery*. Un o ogoniannau'r oriel yw'r casgliad rhagorol o gerfluniau'r Cymro John Gibson.

Yr Eglwys Farmor – Eglwys St Margaret yw ei henw swyddogol, a chalchfaen yn hytrach na marmor yw'r garreg. Serch hynny, mae'r eglwys yn gampwaith a gynlluniwyd ar ran Lady Willoughby de Broke (merch Syr John Williams, Castell Bodelwyddan) gan John Gibson (nid yr uchod), a fu'n cynorthwyo Syr Charles Barry i gynllunio adeiladau'r Senedd.

Gwernigron – Y colomendy sydd yn denu sylw heddiw, ond mae arwyddocâd hanesyddol pwysig iawn i'r safle, oherwydd yma ar 29 Awst 1241, bu'n rhaid i'r Tywysog Dafydd ap Llywelyn dderbyn amodau sarhaus gan y Brenin Harri III.

Y Faenol Fawr – gweler adran *Plastai Dyffryn Clwyd yn Oes y Dadeni*.

Enwogion

Syr William Williams (1634-1700) Seneddwr – Ef oedd y cyntaf o'r Williamsiaid i fyw yng Nghastell Bodelwyddan. Bu'n Aelod Seneddol dros ddinas Caer, ac ef oedd y Llefarydd yn seneddau 1680 a 1681. Ar gais Iago II, cafodd y gorchwyl o erlyn y saith esgob yn 1688. Roedd y Syr Watkin Williams Wynn cyntaf o Wynnstay yn ŵyr iddo.

BODFARI

Enwogion

Lewis ab Edward, Lewis Meirchion (bl. 1541-1567) Bardd – Graddiodd yn Bencerdd yn Eisteddfod Caerwys 1567, ac roedd yn ddisgybl i Gruffydd Hiraethog. Mae ei farwnad i Humphrey Lhuyd yn enwog.

Edward Williams (1750-1813) Diwinydd – Fe'i ganed yn fferm Glan Clwyd. Wedi iddo droi at yr Annibynwyr, gwnaeth enw mawr iddo'i hun fel diwinydd Calfinaidd 'cymhedrol'. Cafodd ei anrhydeddu gan Brifysgol Caeredin gyda gradd D.D., a daeth yn bennaeth Academi Rotherham, a chyda'r dref honno, bellach, y cysylltir ei enw.

John Edward Daniel (1902-1962) Addysgwr, Diwinydd a Gwleidydd – Roedd yn frodor o Fangor ac fe gafodd yrfa academaidd ddisglair yng Ngholeg yr Iesu, Rhydychen. Aeth am dymor

Sir Ddinbych

byr i Brifysgol Marburg. Bu'n Athro yng Ngholeg Bala-Bangor, ac yn Arolygydd Ysgolion Ei Mawrhydi. Roedd yn aelod amlwg o Blaid Cymru a safodd fel ymgeisydd seneddol drosti droeon. Bu'n Is-lywydd y Blaid, ac ef a ddilynodd Saunders Lewis fel Llywydd yn 1939, gan barhau yn y swydd tan 1943. Ei gartref ym Modfari oedd Tŷ Gwyn.

BRYN EGLWYS

Safle Hanesyddol

Eglwys St Tysilio – Trysor yr adeilad yw cistfaen addurnedig Tangwystyl ferch Ieuan ap Maredudd a fu farw tua 1320. Codwyd capel fel estyniad i'r eglwys tua 1575 gan Dr Thomas Yale, Canghellor Archesgob Caergaint, a berthynai i'r un teulu â'r enwog Elihu Yale, y gŵr a roddodd ei enw i Brifysgol Yale yn America.

Enwogion

Dr David Powell (1552-1599) Dyneiddiwr – Ef efallai oedd y cyntaf i raddio o Goleg yr Iesu, Rhydychen (1573). Golygodd a helaethodd gyfieithiad Humphrey Lhuyd o *Brut y Tywysogion* a ymddangosodd fel *Historie of Cambria* (1584), llyfr dylanwadol dros ben. Cafodd ei enwi gan William Morgan yn Rhagymadrodd Beibl Cymraeg 1588 fel un a'i cynorthwyodd. Bu'n ficer Rhiwabon.

CARROG

Safle Hanesyddol

Tomen Owain Glyndŵr – Gweler dan *Corwen* yn adran *Trefi Sir Ddinbych*.

Enwogion

Llygad Gŵr (bl. 1256-1293) – gweler dan *Llandrillo*.

Rhobert Humphreys, Rhagad (bl. 1720) Bardd – Cyfansoddodd nifer o gywyddau gofyn i uchelwyr sir Ddinbych.

Howel William Lloyd (1816-1893) Offeiriad a Hynafiaethydd – Ganwyd yn Rhagad a chafodd ei addysgu yn Rugby a Cholegau'r Iesu a Balliol, Rhydychen. Bu'n offeiriad Anglicanaidd yn Llangorwen (Ceredigion) a Phentrefoelas, ond trodd yn Babydd yn 1846, eithr heb gyflawni'r bwriad o gael ei ordeinio. Ysgrifennai ar lenyddiaeth a hanes Cymru a bu'n cyfieithu barddoniaeth Gymraeg ar gyfer gorchestwaith J.Y.W. Lloyd, *History of Powys Fadog*.

CEFN MEIRIADOG

Safleoedd Hanesyddol

Ogofâu – gweler adran *Archaeoleg a Hanes Cynnar*.

Ffynnon Fair – gweler adran *Ffynhonnau a Chroesau*.

Cyfres Broydd Cymru

Enwogion

Siôn Tudur (c.1522-1602) Bardd – Bu'n gweini yng ngosgordd bersonol Edward VI (cyn ac ar ôl ei esgyniad i'r orsedd) ac Elisabeth I ym mlynyddoedd cynnar ei theyrnasiad, ac yna dychwelodd i Gymru a byw fel uchelwr yn Wigfair. Graddiodd yn Eisteddfod Caerwys 1567 a thybir iddo fod yn ddisgybl i Gruffydd Hiraethog. Erys nifer sylweddol o'i gynhyrchion barddol crefftus.

Peter Roberts (bl. 1578-1646) Cyfreithiwr a Chroniclydd – Ar ochr ei fam roedd yn hanu o deulu Gruffyddiaid Gwerneigron (gweler dan *Bodelwyddan*), ond ei briodas a'i dygodd i Feiriadog. Cafodd yrfa fel cyfreithiwr eglwysig, ac yn 1624 fe'i gwnaed yn *proctor* yn llys esgob Llanelwy. Mae'n enwog fel croniclydd hanes lleol cylch Llanelwy yn y cyfnod 1607 hyd 1646. Cafodd y cronicl, a enwir *Y Cwtta Cyfarwydd*, ei gyhoeddi yn 1883 gan D.R. Thomas (isod).

Archddiacon David Richard Thomas (1833-1915) Hanesydd – Brodor ydoedd o Lanfechain a bu'n reithor Cefn Meiriadog o 1864 tan 1877. Cyhoeddodd gyfrolau ysgolheigaidd, gan gynnwys *A History of the Diocese of St Asaph* (1874), a *The Life and Work of Bishop Richard Davies and William Salesbury* (1902).

Canon John Fisher (1862-1930) Hanesydd – Fe'i ganed yn Llandybïe. Ei gampwaith ysgolheigaidd, ar y cyd â S. Baring Gould, oedd pedair cyfrol *Lives of the British Saints* (1907-1913).

Daeth yn reithor Cefn Meiriadog yn 1901, a dyma ei unig ofalaeth, ond bu'n llyfrgellydd Llyfrgell Eglwys Gadeiriol Llanelwy, yn ganon ac yn ganghellor. Golygodd *Archaeologia Cambrensis* am gyfnod.

CLOCAENOG

Safleoedd Hanesyddol

Eglwys St Foddhyd – Hynodion yr eglwys yw croglen gerfiedig nodweddiadol Gymreig, pulpud dyddiedig 1695, a chanhwyllyr pren dyddiedig 1725.

Fforest Clocaenog – Plannwyd y goedwig wreiddiol gan Arglwydd Bagot (a oedd â chysylltiad teuluol â Salbriaid Bachymbyd) yn 1830 a chodwyd cofeb i nodi hynny rhyw filltir go dda o'r pentref. Codwyd cofeb arall yn 1934, sy'n enghraifft o waith y cerflunydd Eric Gill (a fu'n byw yng Nghapel-y-ffin ar un adeg), i nodi fod y coed hynny wedi eu dymchwel yn ystod y Rhyfel Mawr (1914-1918) a choedwig newydd wedi ei phlannu yn 1930.

Enwogion

Thomas Salisbury (1567-1620) Cyhoeddwr – Gwnaeth ei fywoliaeth yn Llundain lle cyhoeddodd, ymhlith pethau eraill, *Grammatica Britannica* Henry Salesbury (1593), *Rhann o Psalmae Dafydd Brophwyd* Edward Kyffin (1603), *Psalmae y Brenhinol Brophvvyd Dafydh* Wiliam Middleton (1603). Collodd lawysgrif cyfieithiad diwygiedig William Morgan o'r Testament Newydd, ac o'r herwydd, ni chafodd ei argraffu.

Thomas Jones, Yr Ecseismon (1740-1810) Eisteddfodwr – Bu'n gyfrwng i sicrhau nawdd Cymry Llundain, sef aelodau Cymdeithas y Gwyneddigion, i Eisteddfod Corwen yn 1789, gan osod seiliau i'r Eisteddfod Genedlaethol fodern.

Edward Charles, Siamas Wynedd (1757-1828) Copïwr a Phamffledwr – Roedd yn aelod o Gymdeithas y Gwyneddigion yn Llundain, a bu'n ysgrifennydd ac yn 'fardd' i'r gymdeithas honno. Copïodd lawysgrifau i Owain Myfyr. Ysgrifennai yn erbyn syniadau radicalaidd Jac Glan y Gors a chrefydd efengylaidd y Methodistiaid fel ei gilydd, ac yn erbyn yr ail, cyhoeddodd *Epistolau Cymraeg at y Cymry* (1797).

CWM

Safleoedd Hanesyddol

Pwllhalog – Dengys y grisiau ar y talcennau ei fod yn blasty o gyfnod y Dadeni. Bu ym meddiant teulu'r Esgob Richard Parry (gweler dan *Rhuthun* yn adran *Trefi Sir Ddinbych*), ac yn ôl y *Bywgraffiadur Cymreig hyd 1940*, yma y ganed yr esgob. (Gweler dan *Pwllglas* isod hefyd.)

Enwogion

Robert Roberts, Y Sgolor Mawr (1834-1885) Offeiriad a Geiriadurwr – Brodor ydoedd o Landdewi ger Llanrwst. Bu yng Ngholeg y Bala a Choleg Anglicanaidd St Bees. Cwm oedd ei guradaeth gyntaf, ac aeth wedyn i'r Bala a Chapel Rug. Aeth am gyfnod i Awstralia rhwng 1861 a 1875. Bu ei ymchwiliadau geiriadurol o gymorth i D. Silvan Evans wrth iddo baratoi ei eiriadur yntau. Mae ei hunangofiant *The Life and Opinions of Robert Roberts a Wandering Scholar* yn bortread hynod ddiddorol ohono ef fel cymeriad a'r gymdeithas yr oedd yn rhan anesmwyth ohoni.

CYNWYD

Enwogion

William Jones (1764-1822) Emynydd – Gwehydd ydoedd o ran ei alwedigaeth. Yn 1819, cyhoeddodd *Aberth Moliant*, neu *Ychydig Hymnau*, a'i emyn enwocaf yw *Yr Iawn a dalwyd ar y groes*.

Edward Jones (1775-1838) Anterliwtiwr a Gweinidog – Rhoes y gorau i actio wedi iddo gael tröedigaeth at Fethodistiaeth Wesleaidd.

David Hughes, Eos Iâl (1794-1862) Bardd – Yr oedd yn frodor o Fryneglwys. Yn 1837, adeiladodd argraffwasg bren yn ei gartref gan ddefnyddio teip a fuasai unwaith yn eiddo i argraffwr o Gaer. Ysgrifennai bamffledi dirwestol. Cyhoeddwyd cyfrol o'i gerddi yn 1839, ac ef yw awdur y garol adnabyddus *Ar gyfer heddiw'r bore*.

DERWEN

Safleoedd Hanesyddol

Eglwys Fair – Trysor yr eglwys hon yw croglen gyda chroglofft, nodwedd brin dros ben ers y Diwygiad Protestannaidd. Mae ansawdd y cerfio o safon uchel.

Croes – gweler adran *Ffynhonnau a Chroesau*.

Ffynnon St Saeran/Sarah – gweler adran *Ffynhonnau a Chroesau*.

Enwogion

William Jones, Ehedydd Iâl (1815-1899) Bardd ac Emynydd – Bu'n was ar nifer o ffermydd, yn felinydd ym Melin y Mwynglawdd, ac yn dafarnwr Tafarn y Gath, Llandegla. Cyhoeddwyd blodeugerdd o'i waith, *Blodau Iâl*, yn 1898. Ei emyn enwocaf yw *Er nad yw'm cnawd ond gwellt*.

DISERTH

Safleoedd Hanesyddol

Eglwys St Cwyfan a Ffraid – Mae'r eglwys yn enwog am Ffenestr Jesse (1533), sef cert achau frenhinol Crist o Jesse ymlaen, serch bod Jesse ei hun ar goll! Mae'r cynllun braidd yn ddryslyd gan fod rhai unigolion yn ymddangos fwy nag unwaith. Perthyn y rhwyllwaith i ffenestr wahanol (c.1450) sy'n seiliedig ar Gredo'r Apostolion, ac mae'n dangos pob un o'r Deuddeg gyda'r rhan o'r Credo a gysylltir ag ef.

Castell – Yn dilyn Cytundeb Gwern Eigron (1241), penderfynodd Harri III fod angen atgyfnerthu gafael y Goron ar y diriogaeth rhwng Clwyd a Dyfrdwy ac felly cododd gastell yn Niserth. (Esgeuluswyd Castell Rhuddlan yn y cyfnod hwn.) Trosglwyddwyd Castell Diserth i Llywelyn ap Gruffudd gan Simon de Montford yn 1263, a dymchwelodd yntau ef. Dim ond y cloddweithiau a erys bellach.

Botryddan – Perthyn y rhan fwyaf o'r plasty presennol i helaethiad 1857, ond bu'n gartref i'r teulu Conway am ganrifoedd. Roedd y teulu'n ddisgynyddion Syr William Coniers, Uchel Gwnstabl Lloegr dan William y Gorchfygwr, ond erbyn cyfnod y Tuduriaid roeddynt wedi llwyr Gymreigio. Gwasanaethodd sawl aelod o'r teulu fel Aelodau Seneddol ac Uchel Siryfion Sir y Fflint. Yr oedd gan Syr John Conway (1575-1641) lyfrgell wych ym Motryddan. Yng nghyfnod y Stiwardiaid cynnar gogwyddai'r teulu at Babyddiaeth. (Gweler hefyd *Enwogion* isod.)

Enwogion

Dafydd Ddu Athro o Hiraddug (bl. yn y 14eg ganrif) Athro Barddol – Tybir ei fod yn offeiriad, efallai ei fod yn un o'r Brodyr Duon, ac yn archddiacon. Yn ôl un traddodiad, diwygiodd Ramadeg Barddol Einion Offeiriad: yn ôl traddodiad arall, ef a gyfieithodd *Gwassanaeth Meir*, gwaith sy'n

Moel Arthur

Copa Moel Fama

Castell Dinas Brân

Tomen y Rhodwydd

Castell Rhuddlan

Porth Castell Dinbych

Croes Elise

Eglwys Gadeiriol Llanelwy

Abaty Glyn-y-groes

Llangollen

Dinbych

Prestatyn

Eglwys Llanarmon-yn-Iâl

Y Rhyl

Eglwys Bodelwyddan

Pont Carrog

Pont Corwen

Eglwys Llangar

Tafarn Llindir, Henllan

Heulfan y Rhyl

Parc Gwledig Loggerheads

Dyffryn Clwyd

Moelydd Clwyd

Ffynnon Fair, Dyffryn Clwyd.

Eglwys Corwen

Nenfwd Eglwys Collen Sant, Llangollen

Llannerch Hall, Trefnant

Pont ddŵr Froncysyllte

*Bedd Twm o'r Nant
ym mynwent yr Eglwys Wen*

*Y stryd at y castell,
Rhuthun*

Pwllygrawys, Dinbych

Sir Ddinbych

cynnwys cyfieithiadau o'r ysgrythur i Gymraeg Canol. Nid yw'n debygol fod y gred mai cerflun ohono ef a geir yn eglwys Corpus Christi, Tremeichion, yn gywir.

Syr John Conway (cyn 1558–1606) Cyfieithydd – Ef oedd tad y Syr John a grybwyllir uchod dan *Botryddan*. Cyfieithodd *Apologia Musices*, John Case, i'r Gymraeg fel *Klod kerdd dafod a'i dechryad* (1588) a *A Summons for Sleepers*, Leonard Wright, fel *Definiad i Hennadirion* (1589), gwaith gwrth-Biwritanaidd.

GELLIFOR

Enwogion

Edward Stanton Roberts (1878-1938) Ysgolfeistr ac Ysgolhaig Cymraeg – Roedd yn frodor o Gynwyd, a symudodd i Gellifor i fod yn brifathro'r ysgol. Golygodd destun *Llysieulyfr Meddyginiaethol William Salesbury*.

GLYNDYFRDWY

Enwogion

Owain Glyndŵr (c.1354-c.1416). Gweler dan *Corwen* yn adran *Trefi Sir Ddinbych*.

Rhys Goch Glyndyfrdwy (bl.1460) Bardd – Cyfansoddodd gywyddau mawl i feibion Llywelyn ap Hwlcyn o Fôn, marwnad i Siôn Pilstwn o Emral, ac amryw gywyddau gofyn a serch.

Dafydd Glyn Dyfrdwy (bl.c.1575) Bardd – Ni wyddys fawr ddim amdano, ond tybir mai brodor o Lansantffraid ydoedd, ac erys rhai o'i gywyddau.

Edward Jones, Iorwerth Goes Hir (1824-1880) Cobler, Bardd, a Cherddor – Hanai o Lansantffraid. Cyhoeddwyd cyfrol o'i waith yn 1881 gyda rhagair gan Dr Cernyw Williams.

Richard Jones Berwyn (1836-1917) Arloeswr yn y Wladfa – Roedd yn aelod o'r fintai gyntaf a laniodd ym Mhatagonia yn 1865, lle y mabwysiadodd 'Berwyn' fel cyfenw, ac yn ôl R. Bryn Williams yn *Y Wladfa* (1962), ef oedd 'un o'r gwŷr galluocaf a fu yn y Wladfa'. Bu'n amlwg fel gweinyddwr, ond oherwydd ei daerineb dros hawliau'r Cymry, fe'i carcharwyd gan yr Archentwyr yn 1882/3. Sefydlodd a golygodd bapur newydd *Y Brut* yn 1868. Ef oedd yr athro yn ysgol gyntaf y Wladfa, sef ysgol Gymraeg ei hiaith, a lluniodd werslyfr Cymraeg, *Gwerslyfr i Ddysgu Cymraeg*, yn 1878 (y llyfr Cymraeg cyntaf i gael ei argraffu ar gyfandir De America).

GWYDDELWERN

Enwogion

Robert Wynne (m.1720) Offeiriad a Bardd – Roedd yn frodor o Langywer a thybir iddo gael ei addysg yng Ngholeg y Breninesau, Caer-grawnt. Erys marwnad a bedd-argraffau i Huw Morys a Siôn Dafydd Las, ac ymddangosodd dwy o'i gerddi yn *Blodeu-Gerdd Cymry* (1759).

Edward Wynne (1685-1745) Offeiriad a Bardd – Roedd yn fab i Robert Wynne, a bu yntau hefyd yn ficer Gwyddelwern. Canodd englynion (yn ogystal â derbyn rhai) yn Eisteddfod y Bala (1738).

HENLLAN

Safleoedd Hanesyddol

Eglwys St Sadwrn – Hynodrwydd yr eglwys yw bod yr eglwys a'r tŵr ar wahân. Ysgogodd hyn rhyw fardd Saesneg cocosaidd i ganu:

Henllan church and Henllan steeple
Are the emblems of Henllan people,
All at variance, what's the wonder
When church and steeple are asunder.

Foxhall – Dyma gartref teuluol Humphrey Lhuyd (gweler adran *Dinbych – Y Dref a'i Henwogion*): gosodwyd plac i ddynodi hynny.

Foxhall Newydd – Mewn cae ger Foxhall saif adfeilion plasty gwych ond anorffenedig a gychwynnwyd gan John Panton, Cofiadur Dinbych, ar derfyn yr unfed ganrif ar bymtheg.

Enwogion

Hugh Jones, Maesglasau (1749-1825) Bardd, Cyfieithydd ac Emynydd – Deuai'n wreiddiol o ardal Dinas Mawddwy a bu'n athro ysgol yn Llundain lle ysgrifennodd gyfrol o fyfyrdodau, *Cydymaith yr Hwsmon* (1774). Yng Nghymru, bu'n gynhyrchiol iawn fel cyfieithydd i nifer o gyhoeddwyr, gan gynnwys Thomas Gee. Cyhoeddodd ddwy gyfrol o farddoniaeth, *Gardd y Caniadau* (1776) a *Hymnau Newyddion* (1797), a gynhwysai'r emyn *O tyn y gorchudd yn y mynydd hyn*, sef yr emyn gorau yn yr iaith Gymraeg yn ôl Syr O.M. Edwards. Claddwyd Hugh Jones yn Henllan.

John Roberts (1807-1876) Cerddor – Ganed ef yn Henllan a dysgodd nodiant cerddorol gan Thomas Daniel, gŵr arall o Henllan. Casglodd donau oedd yn gynnyrch y diwygiadau crefyddol a chyhoeddodd rai ohonynt yn 1839 dan y teitl *Caniadau y Cysegr*, sef y llyfr tonau cyntaf ar gyfer cynulleidfaoedd Cymraeg.

IÂL

Cwmwd ym Mhywys Fadog oedd Iâl, ac wedi goruchafiaeth Edward I, fe'i hymgorfforwyd, gyda Maelor Gymraeg, yn Arglwyddiaeth Normanaidd Brwmffild ac Iâl. Gosododd y Ddeddf Uno yr arglwyddiaeth honno yn Sir Ddinbych. Daeth ffurf Saesneg yr enw, *Yale*, yn hysbys drwy'r byd i gyd oherwydd iddo gael ei fabwysiadu gan Brifysgol enwocaf America. Gwnaed hynny o ganlyniad i haelioni Elihu Yale tuag at y coleg a godwyd yn New Haven, Connecticut yn 1718. Claddwyd Elihu Yale yn Wrecsam (yn y Sir Ddinbych wreiddiol), ond mae capel sy'n dwyn enw'r teulu i'w gael ym Mryn Eglwys (gweler uchod).

Safle Hanesyddol

Bodidris – Gweler adran *Plastai Dyffryn Clwyd yn Oes y Dadeni*.

Enwogion

Tudur Aled (bl.1480-1526) Bardd – Fe'i cysylltir fel arfer â bro Hiraethog, ond mae agweddau o'i yrfa a'i waith yn ei gysylltu â dwyrain Sir Ddinbych a Sir y Fflint. Er enghraifft, geilw Dafydd ab Edmwnd o Faelor Saesneg yn ewythr ac athro barddol iddo. Tynnodd Cledwyn Fychan sylw at arwyddocâd rhan o'i gyfarchiad i Abad Glyn-y-groes, cydymaith bore oes:

> Dechrau bûm gyda chwi'r byd;
> Diweddu f'oes, od oedd faith,
> Yn nef Iâl a wnaf eilwaith!

Os treuliodd ei flynyddoedd dechreuol yn Iâl, ni wireddwyd ei ddymuniad i ddiweddu ei oes yno: mae'n hysbys mai yng Nghaerfyrddin y digwyddodd hynny. Erys tua chant a phump ar hugain o'i gywyddau, ac yn ei ganu ef y cyrhaeddodd barddoniaeth yr uchelwyr ei uchafbwynt.

LLANARMON-YN-IÂL

Safleoedd Hanesyddol

Cofeb John Parry – Saif y gofeb hon ym mynwent Capel Rhiw Iâl gyda'r arwyddair *Eglwys Rydd a Gwlad Rydd* arni, ac ar fur **Bryn Iâl** gwelir plac i goffáu amdano.

Tomen y Faerdref – Dyma safle gwych i godi castell tomen a chadlys gan fod yr afon yn ffurfio ffos naturiol wrth droed y graig. Cyfeirir at y castell a safai yma fel 'Castell Iâl' mewn cofnod brenhinol a wnaed yn 1212, pan oedd y Brenin John yn ymgyrchu yn erbyn Llywelyn Fawr.

Eglwys St Garmon – Trysor yr eglwys yw'r canhwyllyr pres a wnaed tua diwedd y bymthegfed ganrif, yn yr Iseldiroedd Sbaenaidd o bosib. Cysylltir ef â Gŵyl Puredigaeth Mair y Forwyn (2il Chwefror) pan arferid bendithio canhwyllau'r eglwysi (*Candlemas* yn Saesneg). Gwelir hefyd gerfddelwau o ddau o uchelwyr Bodidris, sef Gruffudd ap Llywelyn ap Ynyr (y bedwaredd ganrif ar ddeg), ac Efan Llwyd (marw 1639), sydd ag arysgrif Gymraeg ar ei feddrod. Y mae'n eithaf posib mai Garmon ei hun yw gwrthrych cerfddelw hynafol arall.

Enwogion

John Parry (1835-1897) Arweinydd Cymdeithasol a Llenor – Chwaraeodd ran amlwg yn Rhyfel y Degwm, yn enwedig fel areithiwr, a throwyd ef allan o'i fferm (Plas Llanarmon). Fe'i hetholwyd i Gyngor Sir cyntaf Sir Ddinbych yn 1889. Roedd yn fardd ac yn llenor ac ysgrifennodd atodiad i *Hanes y Merthyron* (Thomas Jones o Ddinbych). Meddai ar lyfrgell nodedig sydd bellach yn cael ei chadw yn Llyfrgell Genedlaethol Cymru.

LLANBEDR DYFFRYN CLWYD

Safleoedd Hanesyddol

Eglwys St Pedr – Adeiladwyd yr eglwys yn 1863 ac mae'n anghyffredin o addurnedig ar y tu allan. Nid yw'n adlewyrchu chwaeth adeiladwyr hen eglwysi'r dyffryn, ond mae'n ddigon deniadol. Y tu mewn iddi, gwelir cofeb a wnaed ac a arwyddwyd gan John Gibson yn Rhufain yn 1863. Nid nepell o'r safle saif murddun yr hen eglwys.

Castell Gyrn – Saif y tŵr castellog hwn ar ben bryn yn agos i gopa'r Bwlch. Ei hynodrwydd yw mai yn 1977 y codwyd ef! Mae'n annedd gwbl fodern.

Enwogion

Robert Wynne (c.1655-1731) Cerflunydd – Roedd yn frodor o'r plwyf hwn a chredir iddo fynd i Lundain i fwrw prentisiaeth fel saer maen dan ofalaeth Peter Roberts. Ni wyddys pa bryd y dychwelodd i Gymru, ond yr oedd ganddo weithdy yn Rhuthun a adwaenid fel *The Elaboratory*. Dechreuodd dderbyn comisiynau yng Nghymru yn gynnar yn y ddeunawfed ganrif, megis y ceisiadau am dabled er cof am Syr Thomas Powell yn Llanbadarn Fawr, cofeb i'w frawd John yn Rhuthun, gratiau marmor i John Mellor yn Erddig a cherfluniau o faintioli llawn ar gyfer cofebau Syr Richard Myddleton yn Eglwys y Waun, Henry Wyn yn Eglwys Rhiwabon a Maurice Jones yn Eglwys Llanrhaeadr. Barn Peter Lord ar y cofebau hyn yn *Delweddu'r Genedl* (2000) yw: 'yr oedd ansawdd ei gofebau yn uchel ac yn cymharu'n ffafriol â gweithiau a wnaed yn Llundain'. Bu farw yn ŵr tlawd.

Joseph Ablett (1773-1848) Cyfalafwr a Noddwr – Roedd yn fab i gyfalafwr a ddatblygodd fusnes gwehyddol llwyddiannus ym Manceinion. Dewisodd ddod i Ddyffryn Clwyd i fyw, a phrynodd Blas Llanbedr, un o gartrefi'r Thelwaliaid. Ymddiddorai'n fawr yn y celfyddydau. Cynigiodd nawdd i William Owen Pughe i gyhoeddi cyfieithiad Saesneg o'r Mabinogion, a rhoddodd gomisiwn i'r cerflunydd Cymreig John Gibson. Daeth i adnabod y beirdd Robert Southey a William Wordsworth. Rhoddodd 20 erw o dir ger Dinbych i godi Ysbyty Meddwl Gogledd Cymru arno (agorodd yn 1848). Fe'i dewiswyd yn Uchel Siryf Sir Ddinbych yn 1809, ac yn 1826, safodd fel ymgeisydd seneddol yn erbyn Frederick West o Gastell Rhuthun. Cafodd y ddau yn union yr un nifer o bleidleisiau, ond penderfynodd yr Aelodau Seneddol o blaid West.

John Puleston Jones (1862-1925) Gweinidog a Llenor – Cafodd ei eni yn y Berth, yn fab i saer. Yr oedd ei fam yn un o ddisgynyddion Pilstyniaid Emral, Sir y Fflint. Symudodd y teulu i'r Bala pan oedd John yn faban, ond collodd ei olwg cyn iddo fod yn ddwyflwydd. Serch hynny, aeth gydag O.M. Edwards i Brifysgol Glasgow ac yna i Rydychen lle bu'n un o aelodau gwreiddiol Cymdeithas Dafydd ap Gwilym. Perchid ef fel pregethwr ac awdur, ac ef addasodd Braille ar gyfer y Gymraeg.

LLANDEGLA

Safleoedd Hanesyddol

Eglwys St Tegla – Codwyd yr adeilad presennol yn 1866 ar safle eglwys flaenorol, ond diogelwyd y canhwyllyr pres o'r eglwys wreiddiol. Yn ei ganol, saif delw o Fair y Forwyn wedi ei hamgylchynu â chanhwyllau, sef symbol o'i phuredigaeth a ddethlir ar Ŵyl y Canhwyllau. Nid yw'n annhebyg i'r un a welir yn eglwys Llanarmon-yn-Iâl (gweler uchod), ac fel hwnnw, tybir iddo gael ei wneud yn yr Iseldiroedd Sbaenaidd ar ddechrau'r bymthegfed ganrif. Wrth ailadeiladu'r eglwys, manteisiwyd ar y cyfle i ailosod ffenest a dynnwyd allan o'r eglwys gadeiriol yn Llanelwy. Fe'i gwnaed â gwydr paentiedig (heb ei liwio yn y pair) gan Francis Eginton yn 1800, ac mae'n darlunio'r lesu'n llanc gydag offer y Dioddefaint o'i gwmpas.

Ffynnon Tegla – Nid nepell o'r eglwys mae ffynnon a oedd yn gyrchfan i ddioddefwyr o Glwy Tegla, sef epilepsi. Arferent fynd at y ffynnon wedi machlud haul i olchi eu dwylo a'u traed, ac yna amgylchynu'r ffynnon dair gwaith gan adrodd y Pader bob tro, a chludo iâr (merch) neu geiliog (mab) mewn cwd. Ar ôl offrymu grot yn y ffynnon, aent ymlaen tua'r eglwys ac amgylchynu honno dair gwaith yn yr un modd eto. Yna cymerent y ffowlyn gyda hwy i'r eglwys a chysgu'r noson honno o dan yr allor, gyda'r Beibl yn obennydd. Drannoeth, ar ôl cynnig darn arian i'r clochydd, byddai'n rhaid anadlu trwy big y ceiliog neu'r iâr er mwyn trosglwyddo'r clefyd o'r claf i'r creadur anlwcus! Cofnodir fod y deon gwlad wedi rhoi rhybudd difrifol iawn yn 1749, yn datgan nad oedd neb yn cael cysgu yn yr eglwys!

Bryn Tirion – Y tŷ hwn oedd cartref Tegla Davies.

Enwogion

Edward Tegla Davies (1880-1967) Gweinidog a Llenor – Straeon am anturiaethau a direidi bechgyn oedd ei gyfrolau cynharaf megis *Hunangofiant Tomi* (1912), a *Nedw* (1922), ond gofidiau oedolyn yw thema ddwys ei nofel *Gŵr Pen y Bryn* (1923). Cyhoeddodd gasgliadau o ysgrifau megis *Rhyfedd o Fyd* (1950), sgyrsiau radio, *Yr Hen Gwpan Cymun* (1961) a hunangofiant, *Gyda'r Blynyddoedd* (1952); golygodd *Y Winllan* am gyfnod, ac yna *Yr Efrydydd*, yn ogystal â *Cyfres Pobun*.

LLANDRILLO

Enwogion

Llygad Gŵr (bl.1256-1293) Bardd – Roedd yn un o'r Gogynfeirdd a ganodd fawl gwladgarol i'r Tywysog Llywelyn ap Gruffudd gan gydnabod ei awdurdod dros Gymru gyfan. Y mae'n nodedig am ei gysyniad o undod cenedlaethol sylfaenol Cymru. Canodd fawl hefyd i hynafiaid Owain Glyndŵr ac fe'i cysylltir â'r Hendwr a thrafgordd Carrog.

Hywel Cilan (bl.1435-1471) Bardd – Canodd fawl ar y patrymau arferol i'r uchelwyr, gan gynnwys teuluoedd Rhug a'r Rhiwlas.

Dafydd ab Ieuan ab Einion (bl.1440-1468) Milwr – Fe'i cysylltir â'r Hendwr a Chryniarth. Ymladdodd ym myddin Lloegr yn Ffrainc yn ystod y Rhyfel Can Mlynedd gan ddychwelyd adref oddeutu 1450 mae'n debyg. Daliodd Gastell Harlech dros y Lancastriaid yn ystod Rhyfel y Rhosynnau rhwng 1460 a 1468, nes iddo orfod ildio i fyddin William Herbert, ond cafodd bardwn gan y brenin Iorcaidd, Edward IV.

Ellis Cadwaladr (bl.1707-1740) Bardd – Cyhoeddwyd nifer o'i faledi, a chanai hefyd yn y mesurau caeth. Enillodd gadair yn Eisteddfod y Bala (1738).

Thomas Foulkes (1731-1802) Cynghorwr Methodistaidd – Trodd yn Fethodist Wesleaidd tra bu'n gweithio fel saer yn Swydd Caer, lle clywodd John Wesley'n pregethu. Ar ei ddychweliad i Gymru, dechreuodd gynghori gyda'r Methodistiaid Calfinaidd yn y Bala. Ei ail wraig (o dair) oedd mam gwraig Thomas Charles.

LLANDYRNOG

Safleoedd Hanesyddol

Eglwys St Tyrnog – Mae hwn yn enghraifft arall o eglwysi deugorff Dyffryn Clwyd. Sant lleol oedd Tyrnog a brawd y saint Marchell a Deifar. Mae ffenest ddwyreiniol y corff gogleddol yn hynod iawn. Portreadir arni'r saith sacrament a gydnabyddir gan yr Eglwys Gatholig, a'r rhyfeddod yw i'r gwydr oroesi dryllwyr y Diwygiad Protestannaidd. Mae'r ffenestr yn hynod hefyd oherwydd mae'n cynnwys portreadau canoloesol o saint Cymreig, yn feibion a merched, sef Deiniol ac Asaff, a Marchell a Gwenffrewi.

Capel y Dyffryn – Adeiladwyd y capel (Presbyteraidd) presennol yn 1836, ac mae'n fynegiant godidog o estheteg Biwritanaidd ar ei orau. O'r tu allan, mae cydbwysedd y cynllun, a'r addurno cynnil yn y ffenestri yn cyfleu chwaeth ddirodres Methodistiaeth wledig. Tu mewn, fe godwyd y seddau ar gynllun amffitheatr bychan a luniwyd yn fwriadol i bwysleisio lle canolog y pulpud a gweinidogaeth y Gair yn yr addoli ac i hwyluso caniadaeth y cysegr.

Cofeb Tŷ Modlen – Llandyrnog yw crud Methodistiaeth llawr Dyffryn Clwyd; dechreuodd achos mor gynnar â 1749 yng nghartref Edward a Magdalen Pierce (sef 'Tŷ Modlen'). Dymchwelwyd yr adeilad flynyddoedd lawer yn ôl, ond yn 1935, codwyd cofeb ar y safle, sydd yn llecyn mor bwysig yn hanes Ymneilltuaeth y fro.

Cefn Bithel – Tŷ ar ochr y ffordd rhwng Llandyrnog a Bodfari yw hwn erbyn heddiw, ond pan godwyd ef gyntaf yn 1777, hwn oedd capel cyntaf y Methodistiaid a arferai gyfarfod yn Nhŷ Modlen, fel y dengys y plac. Oddi yma, symudwyd yn 1837 i Gapel y Dyffryn.

Plas Ashpool – Saif y plasty nid nepell o Gefn Bithel. Codwyd y tŷ ar ddechrau'r ddeunawfed ganrif, ond mae'r adeiladau fferm yn dyddio'n ôl i'r ail ganrif ar bymtheg a hyd yn oed yr unfed ganrif ar bymtheg. Daeth Robert Llwyd (gweler isod) yma i fyw yn 1749. Arferai Daniel Rowland aros yn y tŷ pan oedd yn y fro, a chafodd William Williams, Pantycelyn ei daro'n wael yma un tro.

Enwogion

Robert Llwyd (1715-1792) Arloeswr Methodistaidd – Symudodd i fyw ym Mhlas Ashpool o Darth y Dŵr, Cilcain, yn 1749. Credir mai erledigaeth am ei Fethodistiaeth a'i gyrrodd o'i blwyf genedigol. Bu'n gyfrwng i sefydlu'r mudiad ifanc yn Nyffryn Clwyd, a cheir cofeb iddo yn eglwys y plwyf.

LLANELIDAN

Safleoedd Hanesyddol

Eglwys St Elidan – Mae corff gogleddol yr eglwys ddeugorff hon yn hwy ac yn hŷn na'r corff deheuol. Erys tameidiau o wydr lliw canoloesol sy'n portreadu rhai o gelfi'r Croeshoeliad, ac mae gwaith coed cain, yn cynnwys hen gorau uchel, wedi goroesi. Yn y fynwent, gwelir bedd 'Coch Bach y Bala' (neu John Jones, Jac Llanfor, 1854-1913), y lleidr bach â'r ddawn eithriadol i ddianc o'r ddalfa. Roedd yn arwr gwerinol, a mawr fu gofid y fro pan waedodd i farwolaeth wedi iddo gael ei saethu pan oedd ar ffo o Garchar Rhuthun. Roedd yn wrthrych llawer o ganeuon ac englynion poblogaidd, ac adroddir hanes ei fywyd yn llyfr Ernest Jones (1972).

Bwrdd y Tri Arglwydd – Mae'r gofeb yn nodi man cyfarfod pedwar plwyf, Llanelidan, Bryn Eglwys, Gwyddelwern, a Llansanffraid Glyn Dyfrdwy. Yng nghyfnod Edward Llwyd safai cerrig fel tair coes stôl ar y safle, ac yn ôl y traddodiad, hwn oedd y llain o dir a fu'n achos y ffrwgwd gwreiddiol rhwng Owain Glyndŵr a Reginald de Grey.

Glan Hesbin – Mae'r arysgrif 'RMS1698' i'w weld ar y mur, a thu mewn, ceir yr arysgrif 'C.G.1641'. Efallai mai Charles Goodman oedd 'C.G'. Mae nodwedd ddiddorol a elwir yn ddrws pregethu i'w weld yn y tŷ, sef drws deuddarn ar ben tair gris, sydd ag astell tebyg i bulpud ar y darn isaf.

Plas Nantclwyd – Ceir enghreifftiau o waith pensaernïol Clough Williams-Ellis yn y tŷ a'r gerddi.

LLANFAIR DYFFRYN CLWYD

Safleoedd Hanesyddol

Eglwys Fair a St Cynfarch – Mae hon yn eglwys ddeugorff o'r bymthegfed ganrif. Mewn un ffenest, gwelir tameidiau o wydr lliw (1503?) a berthynai i bortread o'r Croeshoeliad a'r Credo. Gwrthrych sy'n hŷn na'r gwydr yw darn o gofeb garreg Dafydd ap Madog o ddechrau'r bedwaredd ganrif ar ddeg. Cofeb arall nodedig yw honno i John Hughes (m.1830) gan Solomon Gibson, brawd iau y cerflunydd Cymreig enwog John Gibson.

Cyfres Broydd Cymru

Capel y Gloch – Noddwyd yr adeilad hwn, sydd ar ffurf y llythyren L, gan Rice Williams o Eyarth Ucha, a fu'n glochydd yn Abaty Westminster. Adeilad pren oedd yr un gwreiddiol a gysegrwyd yn 1623, ond fe'i hailgodwyd o garreg yn 1787. Roedd yn fwriad i'w ddefnyddio fel addoldy (Anglicanaidd) ac fel ysgol. Un a fu'n athro yma oedd William Davies, awdur y llyfr hynod boblogaidd, *Handbook for the Vale of Clwyd* (1856). Enw Saesneg y capel yw *Jesus Chapel*.

Elusendai – Codwyd y rhes dwt o elusendai yn nhridegau cynnar y bedwaredd ganrif ar bymtheg.

Enwogion

Simwnt Fychan (c.1530-1606) Pencerdd – Bu'n ddisgybl i Gruffydd Hiraethog, a graddiodd yn bencerdd yn Eisteddfod Caerwys 1567. Roedd yn fardd cynhyrchiol, yn achyddwr o bwys, ac yn feistr ar herodraeth. Cynhyrchodd ffurf derfynol gramadeg y penceirddiaid a adnabyddir fel *Pum Llyfr Cerddwriaeth*. Trigai yn Tŷ Brith ac fe'i claddwyd yn eglwys y plwyf.

Roger Morris, Coed-y-Talwrn (bl.1590) Copïwr – Erys gasgliad sylweddol o lawysgrifau a gopïwyd yn gelfydd ganddo. Defnyddiai orgraff Gruffydd Robert, Milan. Bu *Llyfr Du Caerfyrddin* a *Llyfr Gwyn Rhydderch* yn ei ddwylo.

LLANFERRES

Enwogion

John Davies, Mallwyd (1570-1644) Offeiriad, Gramadegwr, Geiriadurwr a Chyfieithydd – Tybir ei fod yn fab i wehydd, ac yn ddisgybl yn Ysgol Rhuthun pan oedd Richard Parry yn brifathro yno. Graddiodd yn B.A. o Goleg yr Iesu, a B.D. a D.D. o Goleg Lincoln, Rhydychen. Roedd yn ieithydd gwych iawn. Bu yng ngwasanaeth yr Esgob William Morgan, ac yn ddiweddarach, cydweithiodd â'r Esgob Richard Parry i baratoi fersiwn 1620 o'r Beibl Cymraeg. Credir mai Davies a ddiwygiodd iaith argraffiad 1621 o'r *Llyfr Gweddi Gyffredin*. Cyhoeddodd lyfr gramadeg, *Antiquae Linguae Britannicae . . . Rudimenta* (1621), geiriadur Cymraeg-Lladin/Lladin-Cymraeg, *Dictionarium Duplex* (1632), cyfieithiad o lyfr Robert Parsons, *Llyfr y Resolusion* (1632), a golygodd *Y Llyfr Plygain* (1633). Priododd Richard Parry ac yntau ddwy chwaer, Sian a Gwen, merched Rhys Wyn, Llwyn Ynn, Llanfair Dyffryn Clwyd. Gwnaed Davies yn reithor Mallwyd tua 1604. Gwelir cofeb iddo ar dalcen eglwys Llanferres, yn union o dan y clochdy, gyda'r llythrennau IDSTD (*Iohannes Davies Sacrae Theologicae Doctor*) 1650 arni.

LLANFWROG

Enwogion

Isaac Foulkes, Llyfrbryf (1836-1904) Cyhoeddwr, Newyddiadurwr a Llenor –

Aeth i Lerpwl yn 1854 gan sefydlu gwasg yno yn 1862. Ymhlith ei gyhoeddiadau cynharaf oedd *Cymru Fu*, a ymddangosodd fel gwaith tri rhan rhwng 1862 a 1864. Yna, cyhoeddodd fywgraffiadur (*Enwogion Cymru*, 1870) a chyfrol o lên gwerin, gydag ef ei hun yn ysgrifennu cyfran sylweddol o'r ddwy gyfrol. Cyhoeddodd weithiau pwysig eraill fel *The Royal Tribes of Wales* (1887) Philip Yorke a *The Cefn Coch Manuscripts* (1899) a olygwyd gan John Fisher. Cyhoeddodd *Cyfres y Ceinion* a *Cyfres y Clasuron Cymraeg* a osodai clasuron llenyddol Cymraeg o fewn cyrraedd cylch eang o ddarllenwyr. Ysgrifennodd gofiannau a nofelau, a chychwynnodd bapur newydd *Y Cymro* (1880-1881).

LLANGAR

Safle Hanesyddol

Eglwys yr Holl Saint – Mae'r eglwys hynafol hon bellach yng ngofal Cadw. Gwelir trawstiau canoloesol yn y to a chrymdo pren canoloesol dros y seintwar. Gwir drysor yr eglwys yw'r wyth haen o furluniau a ddarganfuwyd ac a adferwyd yn ddiweddar. Maent yn cynnwys portreadau sy'n dangos y Saith Pechod Marwol, saint, tameidiau o'r Credo a'r Pader, a llun enfawr o Angau fel ysgerbwd gydag awrwydr yn un llaw a phicell yn y llall yn sefyll ger caib a rhaw y torrwr beddau! Erys y pulpud tridarn a'r corau uchel a godwyd yn y ddeunawfed ganrif. Yn sicr, dyma un o eglwysi mwyaf arbennig Sir Ddinbych. (Gweler hefyd adran *Chwedlau a Bucheddau Saint*.)

Enwogion

Edward Samuel (1674-1748) Offeiriad, Bardd a Chyfieithydd – Brodor ydoedd o Benmorfa (Sir Gaernarfon) a bu'n fyfyriwr yng Ngholeg Oriel, Rhydychen. Bu'n Rheithor yn Betws Gwerful Goch cyn dod yn Rheithor Llangar. Cyfansoddodd nifer o garolau a ymddangosodd mewn sawl blodeugerdd wedi ei farw. Cyhoeddodd *Bucheddau'r Apostolion a'r Efengylwyr* (1704) a oedd yn waith gwreiddiol, a chyhoeddwyd nifer o'i gyfieithiadau gan gynnwys *Gwirionedd y Grefydd Grist'nogol* (1716) a *Holl Dyletswydd Dyn* (1718). Roedd yn daid i David Samwell (gweler *Nantglyn* isod).

Matthew Owen (1631-1679) Bardd – Fe'i haddysgwyd yn Rhydychen, a cheir cyfeiriadau at Rydychen yn ei gerddi megis, *Ymddiddan â'r llwynog yn Rhydychen* ac *Ymddiddan â'r lleuad yn Rhydychen*. Cyfansoddodd awdl farwnad i Syr John Owen, Clenennau. Roedd yn eglwyswr pybyr, ac ymdebyga agweddau o'i ganu i waith Huw Morys. Cyhoeddwyd ei gerddi yn *Carol o Gyngor* (1658), *Carolau a Dyriau Duwiol* (1686) a thair cerdd yn *Blodeu-gerdd Cymry* (1779).

LLANGWYFAN

Safleoedd Hanesyddol

Eglwys St Cwyfan – Yn wahanol i gymaint o eglwysi plwyf y dyffryn, ni chafodd yr eglwys fach hon ail gorff yn y bymthegfed ganrif, a hynny mae'n

Cyfres Broydd Cymru

debyg am na thyfodd unrhyw bentref o amgylch y llan. Mae symledd Sioraidd (gellir gweld y dyddiad 1714 uwchben y drws) yr eglwys yn cyfleu tangnefedd a'r corau uchel yn brawf na fu'r Fictoriaid yn ddiwyd yma. Sylwer ar y cyffion (segur!) sydd y tu allan i'r eglwys.

Ysbyty Llangwyfan — Agorwyd yr ysbyty yn 1920 gan y Brenin Sior V. Credid fod aer iachus Moelydd Clwyd yn llesol i anhwylderau'r frest, a datblygodd yr ysbyty arbenigedd mewn trin cleifion a ddioddefai o'r diciâu. Rhoddwyd y tir gan Syr David Davies, Plas Castell, Dinbych, a bu'r ysbyty'n weithredol tan 1981.

LLANGYNHAFAL

Safleoedd Hanesyddol

Eglwys St Cynhafal — Gweler adran *Chwedlau a Bucheddau Saint* am beth o hanes y sant. Mae'r eglwys yn cynnwys dau gorff ar batrwm arferol y dyffryn. Mae gan y ddau ohonynt do pren a thrawstiau gordd a chledd, ac ar ben rhai trawstiau mae angylion cerfiedig, fel sydd gan rhai eraill tebyg yn y fro. Hynodrwydd yr eglwys yw'r pelican mawr cerfiedig sy'n bwydo'r cywion yn y nyth. Credid yn y Canol Oesoedd fod y pelican yn pigo ei fron ei hun er mwyn i'r cywion gael porthi ar ei waed. Daeth yn symbol o Grist yn porthi ei braidd yntau â'i waed yn y cymun. Ceir sawl Hen Bennill amdano yn Gymraeg, er enghraifft:

Y Pelican gwiwlan Gwar
A'i waed yn bwydo'r adar,
Yr un modd er ein mwyn
Bu farw Mab y Forwyn.

Plas-yn-Llan — Mae'r ffermdy hwn yn enghraifft o dŷ ffrâm bren, ac yn 1791 a 1793, daeth William Wordsworth yma i aros yng nghartref ei gyfaill Robert Jones.

Enwogion

John Williams, Ab Ithel (1811-1862) Offeiriad a Hynafiaethydd — Bu'n fyfyriwr yng Ngholeg yr Iesu, Rhydychen, ac am flynyddoedd bu'n Reithor Llanymawddwy. Rhoddodd fynegiant i egwyddorion Mudiad Rhydychen yn ei gylchgrawn *Baner y Groes* (1854) a chyfieithodd nifer o emynau Lladin i'r Gymraeg. Golygodd yr *Archaeologia Cambrensis* o1846 hyd 1853 yn ogystal â thestunau dros y *Welsh Manuscripts Society*, ond dengys ei waith hanesyddol ddiffyg safonau beirniadol. Yr oedd yn selog dros Orsedd y Beirdd ac yn un o drefnyddion Eisteddfod enwog Llangollen (1858). Ef oedd yr olaf o'r Hen Bersoniaid Llengar.

LLANRHAEADR-YNG-NGHINMEIRCH

Safleoedd Hanesyddol

Eglwys St Dyfnog — Prif drysor yr eglwys ddeugorff hon yw ffenestr Jesse. Mae'n debyg mai hon yw ffenestr enwocaf Cymru. Gwelir y dyddiad 1533 yn y gwydr, a'r hyn sy'n hynod amdano yw ansawdd y lliwiau llachar a'r ffaith fod y gwydr wedi'i ddiogelu cystal. Tybir i'r gwydr gael ei gladdu er diogelwch yn ystod y Rhyfel Cartref. Mae gwaith cain wedi'i gyflawni ar y trawstiau gordd a'r nenfwd casgenog dros yr allor. Yn debyg i Langynhafal, gwelir cerflun o'r pelican a'r cywion yma. Gwnaeth Robert Wynne (gweler *Llanbedr*) gerflun o Maurice Jones, Plas Llanrhaeadr, yn ei lawn faint o farmor gwyn ar gyfer ei gofeb yn yr eglwys. Yn y fynwent gwelir beddau Edward Jones, Maes y Plwm, ac Ann Parry Bryn Mulan (gweler *Prion*). Gwaith Jonah Jones yw carreg Ann Parry. Yma hefyd claddwyd Syr Henry Morris Jones (1885-1972) a fu'n Aelod Seneddol dros Sir Ddinbych. Carreg fedd enwog yw eiddo John ap Robert a fu farw yn 95 mlwydd oed yn 1642 gan ei bod yn dangos ei achau yr holl ffordd yn ôl at Cadell Brenin Powys! Nid nepell, mae rhes o feddau sy'n perthyn i gangen o Wyniaid Gwydir, gan gynnwys Edward, mab Morus Wynn a Catrin o Ferain, a'i fab yntau a laddwyd yn y gwarchae seneddol ar gastell Dinbych yn 1642.

Ffynnon Ddyfnog – Gweler adran *Ffynhonnau a Chroesau Sir Ddinbych.*

Plas Llanrhaeadr – Gweler adran *Plastai Dyffryn Clwyd yn Oes y Dadeni.*

Elusendai – Ar bwys y fynwent, codwyd elusendai deniadol yn 1722 gan weddw y Maurice Jones y gwelir y cerflun ohono yn yr eglwys. Roedd ei mam yn un o Salbriaid Bachymbyd, a phriododd Syr Walter Bagot o Swydd Stafford.

LLANTYSILIO

Enwogion

Thomas Jones, Y Bardd Cloff (1768-1828) Bardd – Aeth i Lundain yn 12 mlwydd oed i weithio mewn cyfrifdy, ac erbyn 1813, roedd yn gydgyfrannog â sylfaenydd y cwmni. Daeth yn gofiadur i Gymdeithas y Gwyneddigion, ac yn llywydd dair gwaith, ac ar ei ailsefydlu yn 1820, fe'i gwnaed yn drysorydd Anrhydeddus Gymdeithas y Cymmrodorion. Cyhoeddwyd blodeugerdd o'i waith yn 1828 ac enillodd mewn eisteddfodau yng Nghymru droeon, a gobrwywyd ef â medalau aur ac arian gan y Cymmrodorion a'r Gwyneddigion.

George Osborne Morgan (1826-1897) Gwleidydd – Fe'i hetholwyd yn un o ddau Aelod Seneddol dros Sir Ddinbych yn 1868, ac yn unig Aelod dros ddwyrain y Sir yn etholiadau 1886 a 1892. Roedd yn Anglicanwr ac yn Rhyddfrydwr. Cafodd ei eni yn Sweden, a derbyniodd ei addysg yn Ysgol Friars (Bangor), Ysgol Amwythig a Cholegau Balliol a Worcester yn Rhydychen, lle disgleiriodd yn y clasuron, gan gael ei wneud yn gymrawd o Goleg y Brifysgol. Roedd yn fargyfreithiwr ac yn Gwnsler y Frenhines. Yn y Senedd, gweithiodd yn ddiflino dros fesurau i ddileu anfanteision dinesig Anghydffurfwyr. Cyflwynodd fesur i ganiatáu unrhyw enwad i gynnal gwasanaeth angladd ym mynwentydd plwyf Cymru am ddeng mlynedd yn olynol o 1870 hyd nes cael y maen i'r wal yn 1880. Cefnogai ddatgysylltu'r Eglwys Anglicanaidd yng Nghymru ac Iwerddon ac ymreolaeth Iwerddon. Gorwedd ei weddillion ym mynwent Llantysilio.

LLANYNYS

Safleoedd Hanesyddol

Eglwys St Saeran – Yn y Canol Oesoedd cynnar, roedd yr eglwys hon yn ganolfan eglwysig pwysig, ac fe adlewyrchir hynny ym maint yr adeilad. Mae iddi ddau gorff ac ar fur y corff gogleddol, ceir murlun anferth o St Christopher. Fe'i peintiwyd ar ddechrau'r bymthegfed ganrif, ond yn sgîl y Diwygiad Protestannaidd, fe'i gwyngalchwyd, a bu o'r golwg nes iddo gael ei ddarganfod yn ddamweiniol yn 1967. Wrth symud yr haenau a orchuddiai'r llun, darganfuwyd adnod Gymraeg a beintiwyd drosto, ac mae honno erbyn hyn i'w gweld wrth y pulpud. Mae carreg chweochrog hynafol wedi ei chludo i mewn i'r eglwys o'r fynwent ac arni gerfwedd o esgob ar y naill ochr, a'r Croeshoeliad ar y llall. Mae'n bosib mai Saeran yw'r esgob. Tybia rhai mai gweddillion cerflun o'r Esgob Rhisiart yw'r ddelw dreuliedig o offeiriad a osodwyd i orwedd ar gistfaen o dan y murlun. Esgob Bangor oedd Rhisiart, a bu'n falch o gael lloches yn Llanynys am iddo ffraeo gyda Llywelyn Fawr a Llywelyn y Llyw Olaf yn eu tro! Achubwyd y panelau pren a osodwyd o amgylch yr allor o blasty Bachymbyd pan fu tân yno.

Bachymbyd – Mae'r plasty presennol yn dyddio o 1666, ond bu gan y Salbriaid gartref ar y safle am ganrifoedd cyn hynny. Yr enwocaf ohonynt, mae'n debyg oedd William Salisbury, 'Yr Hen Hosannau Gleision' (gweler *Castell Dinbych* yn adran *Cestyll Sir Ddinbych* a *Capel Rug* dan *Corwen* yn adran *Trefi Sir Ddinbych*).

MELIN-Y-WIG

Enwogion

John Edward Jones, J.E. (1905-1970) Cenedlaetholwr a Threfnydd Gwleidyddol – Cafodd ei fagu a'i gladdu ym Melin-y-wig. Yn ystod ei gyfnod fel myfyriwr ym Mangor, bu'n amlwg yng nghymdeithas 'Y Tair G', sef un o'r grwpiau a ymunodd i ffurfio Plaid Genedlaethol Cymru yn 1925. Yn 1930, daeth yn Ysgrifennydd a Threfnydd i'r blaid honno, swydd y bu ynddi tan 1962. Cyhoeddodd gyfrol werthfawr ar hanes cynnar Plaid Cymru *Tros Gymru* (1970), gwaith sydd yn rhannol hunangofiannol, lle mae'n datgelu fod ei daid yn un o arwyr Rhyfel y Degwm. Meddai Gwynfor Evans amdano yn *Y Bywgraffiadur Cymreig 1951-1970:* 'Meddylir amdano bob amser fel prif bensaer Plaid Cymru'. Ceir cofeb iddo ar fur Ysgol Melin-y-wig.

NANTGLYN

Safleoedd Hanesyddol

Y Fynwent – Gwelir beddau Bardd Nantglyn a William Owen Pughe yn y fynwent. Adferwyd carreg fedd Pughe yn ddiweddar, a da hynny oherwydd mae arni lythrennau 'derwyddol' anghyffredin.

Enwogion

David Samwell, Dafydd Ddu Feddyg (1751-1798) Meddyg a Llenor – Cafodd yrfa anturus fel meddyg yn y llynges. Mae'n enwog am fod yn bresennol pan fu farw'r fforiwr James Cook o glwyfau a gawsai wrth ymladd brodorion Hawaii, a bu bri ar ei ddisgrifiad o'r amgylchiad. Ystyrir y dyddiadur a gadwodd yn ystod ei deithiau ym Moroedd y De (1776-1778) fel astudiaeth anthropolegol arloesol. Roedd ganddo ddiddordebau llenyddol fel y dengys ei aelodaeth o gymdeithasau Llundeinig megis y Gwyneddigion, y Caradogion a Gorsedd y Beirdd, a bu'n ddyfal yn casglu gwaith Dafydd ap Gwilym a Huw Morris, a mwynhâi lenyddiaeth Saesneg a Chlasurol yn ogystal.

William Owen Pughe (1759-1831) Gramadegydd a Geiriadurwr – Brodor ydoedd o Feirion, ac adwaenid ef yn wreiddiol fel William Owen. Treuliodd ran helaeth o'i oes yn Llundain. Yn 1806, etifeddodd ystad ficer Nantglyn, Rice Pughe, a symudodd i Nantglyn i fyw gan fabwysiadu cyfenw ei berthynas hael. Bu'n amlwg yng ngweithgareddau llenyddol Cymry Llundain, ac fe'i cyflogwyd gan Owain Myfyr i gasglu a golygu deunydd ar gyfer cyhoeddiadau fel *The Myfyrian Archaiology of Wales* (1801-1807). Oni bai am ei ddycnwch ef, mae'n bosib y byddai rhai gweithiau hynafol ar goll ac yn angof. Arddangosir ei wybodaeth eang o destunau Cymraeg Canol a Chynnar yn ei eiriadur Cymraeg a Saesneg (1803), ac yn *A Grammar of the Welsh Language* (1803). Cymylwyd ei ddysg amlwg gan awydd i ddiwygio orgraff y Gymraeg yn unol ag egwyddorion a safai ar ddamcaniaethau simsan ynglŷn â strwythur a tharddiad ieithoedd, a'i barodrwydd i dderbyn testunau ffug gan Iolo Morganwg ar gyfer eu cynnwys yn *Barddoniaeth Dafydd ap Gwilym* (1789). Cydnabuwyd ei ysgolheictod gyda doethuriaeth o Brifysgol Rhydychen yn 1822.

Robert Davies, Bardd Nantglyn (1769-1835) Bardd a Gramadegydd – Treuliodd gyfnod byr yn Llundain ym mlynyddoedd cyntaf y bedwaredd ganrif ar bymtheg lle'r oedd yn amlwg iawn yng ngweithgareddau'r Gwyneddigion. Gwelir ei gynnyrch barddonol yn *Cnewyllyn mewn Gwisg* (1789), *Barddoniaeth* (1803) a *Diliau Barddas* (1827). Ef biau'r llinell enwog 'Beibl i bawb o bobl y byd', sef cyfeiriad at sefydlu'r Feibl Gymdeithas, mewn awdl fuddugol i goffadwriaeth Sior III yn Eisteddfod Wrecsam (1820). Ymddangosodd ei *Ieithiadur neu Ramadeg Cymraeg* yn 1808, a thrachefn yn 1818 a 1826.

PENTRECELYN

Y ffurf a welir ar yr enw yn y bedwaredd ganrif ar bymtheg yw Pentre Cae Heilyn.

Safle Hanesyddol

Llysfasi – Yn ôl Frank Price Jones pencadlys cwmwd Llannerch, yng Nghantref Dyffryn Clwyd, oedd y Llys Fasi cyntaf. Codwyd y tŷ y sylfeinir yr adeiladau presennol arno oddeutu 1480. Mewn un ystafell, ceir arfbeisiau'r Thelwaliaid a Llwydiaid Bodidris. Priododd un o'r Llwydiaid ag aeres Llysfasi, ond yn ddiweddarach, daeth i feddiant y Miltwniaid, ac wedyn, drwy briodas, i feddiant y Wests. Yn 1920, prynodd Awdurdod Addysg Sir Ddinbych y plasty a rhyw 600 erw o dir a'i droi'n goleg amaeth.

PRION

Enwogion

Ann Parry, Bryn Mulan (1718-1787) Arloesydd Methodistaidd – Gwraig fferm a droes at y Methodistiaid wedi ei gweddwdod yn 1763 oedd Ann Parry. Agorodd ddrws ei chartref i gyfarfodydd y Society Brofiad, a bu rhai o arweinyddion Methodistaidd y de yn lletya â hi. Marwnad iddi hi oedd y gwaith prydyddol cyntaf a gyhoeddodd Thomas Jones o Ddinbych. Daeth yn enwog wedi ei marwolaeth gan i archwiliadau ar ei chorff yn 1830 ac 1836 ddangos ei fod heb lygru yn y bedd (sydd ym mynwent Llanrhaeadr).

Edward Jones, Maes y Plwm (1761-1836) Emynydd – Ymunodd ef â seiat Fethodistaidd Bryn Mulan yn 1787. Bu'n amaethwr, ysgolfeistr a swyddog tollau yn Lerpwl. Ei emynau mwyaf adnabyddus yw *Cyfamod Hedd, Pob seraff, pob sant* a *Mae'n llond y nefoedd, llond y byd.* Gwelir ei fedd ym mynwent Llanrhaeadr.

John Roberts, Alaw Elwy, Telynor Cymru (1816-1894) – Cafodd ei eni yn Rhiwlas Isaf yn fab i'r baledwr John Roberts o Bentrefoelas a Sarah Wood. Siaradai Romani yn rhugl. Treuliodd y rhan fwyaf o'i fywyd yn y Drenewydd. Daeth i amlygrwydd mawr fel telynor a chanwr penillion. Canodd o flaen y Frenhines Fictoria droeon, ac o flaen Brenin Gwlad Belg unwaith. Enillodd sawl telyn.

PWLL-GLAS

Safle Hanesyddol

Pwllcallod – Yn ôl un traddodiad, yn y fan hon y ganed yr Esgob Richard Parry (gweler *Cwm* a *Rhuthun*). Yn sicr, roedd ganddo gysylltiadau teuluol â'r fro. Deuai ei fam o Euarth, Llanfair Dyffryn Clwyd, a deuai ei wraig o Lwyn Ynn yn yr un plwyf. Ei henw hi oedd Gwen, a phriododd John Davies, Mallwyd, ei chwaer Sian.

RHEWL

Safleoedd Hanesyddol

Plas y Ward – Gweler adran *Plastai Sir Ddinbych yn Oes y Dadeni.*

Rhyd y Cilgwyn – Cartref y bardd Edward ap Raff (bl.1578-1606).

Enwogion

Teulu Thelwall, Plas y Ward – Gyda Reginald de Grey y daeth John Thelwall i Ddyffryn Clwyd oddeutu 1380. Llwyr Gymreigiwyd y teulu, a bu eu dylanwad yn fawr yn y fro. Yr enwocaf ohonynt i fyw ym Mhlas-y-Ward, mae'n debyg oedd **Simon Thelwall** (1526-86). Yn ôl Simwnt Fychan, roedd yn hyddysg mewn wyth iaith. Bu'n Aelod Seneddol dros fwrdeistref Dinbych a thros y sir ar wahanol adegau, ond fel barnwr y gwnaeth enw iddo'i hun. Ef oedd y barnwr a ddyfarnodd Rhisiart Gwyn i'w grogi, ei ddiberfeddu'n fyw a'i ddarnio oherwydd ei Babyddiaeth yn 1584. Mab iddo oedd **Edward Thelwall** (m.1610), pedwerydd gŵr Catrin o Ferain.

Robert Ambrose Jones, Emrys ap Iwan (1851-1906) Gweinidog, Llenor a Chenedlaetholwr – Roedd yn frodor o Abergele ac aeth yn 18 oed i Goleg y Bala cyn mynd i gadw ysgol yn Rhuallt. Yn 1874, aeth i fod yn athro Saesneg yn Lausanne am ddeunaw mis, lle bu'n gloywi ei Ffrangeg a'i Almaeneg. Bu ar y cyfandir droeon wedyn, a magodd agwedd Ewropeaidd at ddiwylliant a gwleidyddiaeth mewn ymgais i wrthweithio Prydeindod y dosbarth canol Anghydffurfiol yng Nghymru. Roedd ei wrthwynebiad i bolisi'r Methodistiaid Calfinaidd o godi capeli Saesneg mewn ardaloedd Cymraeg eu hiaith yn foddion i ohirio ei ordeiniad fel gweinidog o 1881 tan 1883. Fel llenor a beirniad, ymdrechodd i ddwyn rhyddiaith Gymraeg yn ôl at safonau coeth ei chlasuron; yn wleidyddol, ef yw tad cenedlaetholdeb modern yng Nghymru. Bu'n cyfansoddi erthyglau i'r *Gwyddoniadur* ac ymddangosai ei waith yn gyson yn *Y Faner* a'r *Genhinen*. Erys apêl o hyd yn ei *Homiliau* (1906 a 1909). Bu'n weinidog hynod o gymeradwyo gan bob haen o gymdeithas yn Nhrefnant a Rhuthun, a symudodd i'r Rhewl yn 1900. Claddwyd ef ym mynwent y capel.

TREFNANT

Safle Hanesyddol

Dolbelydr – Gweler adran *Plastai Sir Ddinbych yn Oes y Dadeni*.

Llannerch – Cafodd y plasty hwn ei wedd bresennol yn ystod yr ailadeiladu a wnaed yn y cyfnod 1862/4. 'Dour Italianate' yw disgrifiad Hubbard o'r wedd honno, ac nid oedd yr un a'i rhagflaenai yn plesio Thomas Pennant. Ei sylw ef ar y tŷ ar ôl y newidiadau a wnaed yn 1772 oedd *'errant villa'*! Ni wyddys erbyn hyn sut olwg oedd ar y tŷ gwreiddiol, ond, yn ôl Frank Price Jones, mae'n bosib fod rhannau o'r sylfeini'n dyddio o'r bymthegfed ganrif. Bu'r plas ym meddiant y teulu Davies am ganrifoedd, a gosodwyd ffenestr liw yn y cyntedd yn 1867 i ddangos achau'r teulu o Frochwel Ysgythrog a Rhodri Mawr ymlaen. (Gweler hefyd *Enwogion* isod.)

Perthewig – Gwelir y dyddiad 1594 uwchben drws yn y tŷ, a'r dyddiad 1687 ar un o'r adeiladau fferm. Cysylltir y safle â theulu Normanaidd del Peke a ddaeth i'r dyffryn yn dilyn goresgyniad 1282. Yn ôl yr hen hanes, cytunodd Arglwydd Normanaidd Dinbych i del Peke ddal hynny o dir y tu allan i ffiniau'r fwrdeistref ag a gwmpesid gan rediad ewig. Rhedodd yr ewig at y safle hwn cyn oedi i gnoi dail perth – a dyna egluro'r enw Perth ewig. Mewn llofft yn y tŷ mae arfbais lle gwelir llun o ewig yn dal brigyn yn ei safn.

Enwogion

Gruffudd ap Ieuan ap Llywelyn Fychan (c.1485-c.1550) Uchelwr a Bardd – Yr oedd yn byw yn Llannerch, ac yno, fe dybir, y gwelodd Richard Davies (yr esgob, yn ddiweddarach) lawysgrif a feddai ei hen ewythr o Bum Llyfr Moses mewn cyfieithiad Cymraeg Canol. Enwir Gruffudd yn nogfen Cyhoeddi Eisteddfod Caerwys 1523, gyda Tudur Aled, fel ymgynghorwr i dri comisiynwr yr Eisteddfod. Cyhoeddodd J.C. Morrice ddetholiad o'i gerddi yn 1910. Priododd ddwy waith, a ganed merched iddo a wnaeth enw iddynt eu hunain fel beirdd, **Alis** oedd enw'r naill a **Catrin** oedd enw'r llall.

Robert Davies (1658-1710) Hynafiaethydd a Chasglwr Llyfrau – Etifeddodd Llannerch gan ei dad **Mutton Davies**, a fu'n filwr yng ngwasanaeth y Goron. Lluniodd y tad erddi cain a adlewyrchai chwaeth y Dadeni, ar batrwm y gerddi cyfandirol a welsai ar ei deithiau milwrol. Yr oedd Robert yn ysgolhaig ac yn feddiannol ar gasgliad godidog o lawysgrifau a llyfrau gan gynnwys *Llyfr Llan Daf.*

Robert Roberts (1869-1952) Gweinidog ac Ysgolhaig – Roedd yn frodor o'r Rhyl, ond cysylltir ei enw bob amser â Trefnant, lle bu'n weinidog gyda'r Presbyteriaid. Bu'n fyfyriwr ym Mhrifysgol Leipzig, lle cafodd radd doethor. Yr oedd yn arbenigwr ar yr ieithoedd Semitig, a maes ei ddoethuriaeth oedd deddfau cymdeithasol Y Qu'ran. Cyfieithwyd ei draethawd i'r Saesneg. Yn 1909, cyhoeddodd Gwasg Gee lyfr Cymraeg ganddo ar *Yr Hen Destament a'i Genadwri* sy'n garreg filltir bwysig mewn cyhoeddi crefyddol yn Gymraeg am iddo gyflwyno i'r darllenydd cyffredin rai o syniadau beiddgar yr Uwch-feirniadaeth newydd.

TREMEIRCHION

Safleoedd Hanesyddol

Ogofâu – Gweler adran *Archaeoleg a Hanes Cynnar Sir Ddinbych.*

Eglwys Corpus Christi – Eglwys fechan ganoloesol yw hon gydag un asgell ar yr ochr ogleddol a godwyd yn 1864. Mae'r asgell yn gorchuddio bedd Hester Lynch Thrale (Piozzi wedyn), cyfaill Dr Johnson, y geiriadurwr. Mae gwydr lliw hynafol wedi ei ddiogelu yng nghefn yr eglwys yn dangos llun y Santes Ann, mam Mair y Forwyn. Yn un o'r ffenestri gwelir portreadau ar wydr o'r brenhinoedd Iago I a Siarl I a

Sir Ddinbych

John Williams, y Cymro a fu'n Archesgob Efrog yn ystod teyrnasiad Siarl I. Yn yr asgell, gosodwyd cerfddelw marchog gorweddog sy'n dangos arwyddion ei fod wedi ymladd yn y croesgadau. Tybir mai Syr Robert Pounderling o gastell Diserth ydyw, ac os felly, bu farw oddeutu 1300. Mae dirgelwch parthed cerfddelw arall, sef offeiriad gorweddog wedi ei wisgo ar gyfer yr Offeren. Nid oes sail i'r gred mai Dafydd Ddu Hiraddug ydyw.

Bachegraig – Gweler adran *Plastai Dyffryn Clwyd yn Oes y Dadeni*.

Brynbella – Codwyd y plasty hardd hwn gan Gabriel Piozzi ar gyfer ei wraig Mrs Thrale yn 1792/5. Salisbury oedd ei henw morwynol hi, a medrai olrhain ei hachau'n ôl at Catrin o Ferain ar ochr ei thad a'i mam.

Coleg St Beuno – Codwyd y sefydliad Iesuaidd hwn yn 1846/9. Bu'r bardd Gerard Manley Hopkins yn fyfyriwr yma yn 1874, ac ymserchodd yn Nyffryn Clwyd. Fe'i cyfareddwyd gan y gynghanedd, a cheisiodd ei defnyddio wrth farddoni yn Saesneg.

Croes Waredog Tremeirchion – Gweler adran *Ffynhonnau a Chroesau Sir Ddinbych*.

Enwogion

John Roberts (1775-1829) Offeiriad – Roedd yn enedigol o Lannefydd, ac addysgwyd ef yng Ngholeg yr Iesu, Rhydychen. Symudodd i Dremeirchion yn 1803, a bu'n gurad a ficer eithaf efengylaidd ei ddulliau. Ei bwysigrwydd hanesyddol yw ei frwydr lwyddiannus yn gwrthwynebu polisi arfaethedig Thomas Charles i sicrhau fod argraffiad newydd y Feibl Gymdeithas o'r Beibl Cymraeg yn defnyddio orgraff Dr William Owen Pughe. Mae cofeb iddo yn eglwys Tremeirchion ac fe'i clwddwyd yn Llannefydd.

SIR DDINBYCH HEDDIW

Sir Ddinbych Heddiw

Ar yr olwg gyntaf, sir o stadau sylweddol a ffermydd ffyniannus yw Sir Ddinbych, ond rhan yn unig o'r darlun yw hynny. Yn wir, amaethu llwyddiannus fu asgwrn cefn yr economi a'r gymdeithas ar hyd yr oesoedd. Dyma luniodd y dirwedd lefn a chymeriad pwyllog a llednais y brodorion: dyma hefyd oedd sail eu diwylliant cyfoethog. Sefydlogrwydd y gymdeithas amaethyddol sydd yn gyfrifol am y geidwadaeth ddiwylliannol honno sydd wedi galluogi'r iaith a'i sefydliadau i ddal eu gafael cyhyd, yn enwedig yng nghefn gwlad, mewn rhan o Gymru sydd mor hygyrch i fewnfudwyr. Mae traddodiad maith iawn o fewnfudo, yn arbennig i Ddyffryn Clwyd, o bob rhan o Gymru a thu hwnt. Ar y cyfan, cyfoethogi'r gymdeithas a wnaeth y mewnfudwyr hyn ar hyd y canrifoedd. Wrth edrych ar restr faith enwogion Dinbych, er enghraifft, sylwer cyn lleied ohonynt sy'n frodorion y dref, a chymaint sydd â'u gwreiddiau mewn rhannau eraill o Gymru, ac yn wir, yn Lloegr.

Yn ystod y ganrif a hanner diwethaf bu cynnydd sylweddol iawn yn y mewnfudo o Loegr, yn enwedig i drefi'r arfordir. Erbyn hyn, mae mewnfudo wedi cynyddu i'r fath raddau fel mai 57.3 % yn unig o boblogaeth y sir a aned yng Nghymru yn ôl Cyfrifiad 1991. Yng Nghymru'n gyffredinol, ganed 77.2 % o'r boblogaeth yng Nghymru. Ychydig iawn iawn o'r mewnfudwyr sydd yn perthyn i leiafrifoedd ethnig.

Llwyddodd y Rhyl a Phrestatyn i ddatblygu fel canolfannau twf mwyaf llwyddiannus y sir yn ail hanner y bedwaredd ganrif ar bymtheg drwy sefydlu diwydiant newydd sbon, sef y diwydiant ymwelwyr. Llwyddodd y trefi hyn drwy gyfuniad o fenter gwŷr busnes (o Loegr yn bennaf) ac amodau daearyddol ffafriol. Un o'r amodau ffafriol hynny oedd agosrwydd at ganolfannau diwydiannol gogledd orllewin Lloegr gyda'u miloedd o weithwyr yn chwennych cyrchfan heulog, hygyrch, a fyddai o fewn eu cyrraedd yn ariannol. Y cam nesaf oedd cynnydd aruthrol ym mhoblogrwydd arfordir y gogledd fel man i ymddeol iddo, a gwelwyd rhuthr i adeiladu tai (yn enwedig rhai un llawr) drwy gydol yr ugeinfed ganrif. Yn economaidd, bu hanner cyntaf yr ugeinfed ganrif yn oes aur i'r arfordir. Ond erbyn chwarter olaf y ganrif, cafodd y math o ymwelwyr a arferai fynd i drefi fel y Rhyl gael eu denu tua pharthau mwy heulog na gogledd Cymru – creodd hyn argyfwng economaidd a chymdeithasol difrifol, sy'n debyg i'r hyn a brofir mewn unrhyw ardal ôl-ddiwydiannol. Yr her bellach i'r diwydiant ymwelwyr yw addasu i ofynion marchnad newydd sy'n mynnu atyniadau a safonau uchel. Bu cynnydd Llangollen fel canolfan ymwelwyr yn llai dramatig na'r hyn a welwyd ar yr arfordir, a hynny yn bennaf oherwydd mai apelio at y dosbarth canol a wnaed yno o'r cychwyn. Pery apêl y dref a'i thalgylch yn gryf o hyd i ymwelwyr o bedwar ban byd.

Sir Ddinbych

Er i'r diwydiannau glo a haearn gael eu datblygu yn yr hen Sir Ddinbych, prin y cyffyrddodd y Chwyldro Diwydiannol â'r sir fel y mae ar hyn o bryd. Cyflogwyd llawer o'i gweithwyr fodd bynnag ym Maes Glo y gogledd ddwyrain ac yn y diwydiannau hen a newydd a ddatbygodd ar hyd Glannau Dyfrdwy. Bellach, diflannodd a chrebachodd y diwydiannau hynny hefyd. O fewn y sir, daeth Llanelwy yn ganolfan bwysig ym maes y diwydiant gwydr. Cyfrifir *Pilkington Special Glass* (a hefyd *Pilkington Optronics*) ymhlith cyflogwyr mwyaf blaenllaw'r sir.

Erys pwysigrwydd economaidd a chymdeithasol amaethyddiaeth. Adlewyrchir hyn yn rhai o ddatblygiadau yr ugeinfed ganrif fel codi'r Hufenfa yn Llandyrnog a sefydlu Coleg Amaeth Llysfasi. Un o gyflogwyr pwysicaf y sector breifat yw Cwmni Ifor Williams, Cynwyd, sy'n cynhyrchu cerbydau i gludo anifeiliaid. Gellir gweld pam fod amaethyddiaeth mor bwysig yn y sir wrth gymharu canran y tir amaethyddol sydd yn perthyn i'r tri categori uchaf (o bump) yn Sir Ddinbych gyda'r ganran cenedlaethol i Gymru. Rhoddir canrannau Sir Ddinbych ochr yn ochr â'r rhai cenedlaethol sydd mewn cromfachau: Gradd 1 – 2.2% (0.2%); Gradd 2 – 12.7% (2.3%); Gradd 3 – 24.5% (17.5). Mae 16% o arwynebedd tir amaethyddol y sir yn cynnal ffermydd llaeth a 75% yn cynnal ffermydd gwartheg a defaid.

Pery poblogaeth Sir Ddinbych i godi – roedd yn 86,700 yn 1981, yn 1991 roedd yn 91,700, ac erbyn 1996 roedd yn 92,200. Mae chwarter y boblogaeth dros 60 mlwydd oed. Yn 1991, roedd 24,650 o unigolion yn medru siarad, darllen neu ysgrifennu Cymraeg, sef 28.3% o'r boblogaeth. Cymharer hyn gyda chanran o 20.1 o boblogaeth Cymru'n gyffredinol sy'n medru Cymraeg. Dengys cyfrifiad 1991 mai dim ond dwy gymuned yn yr holl sir sydd â llai na 20% o'u trigolion yn medru'r iaith, sef Llangollen a Bodelwyddan. Cyfyd y cyfartaledd hyd at 40% mewn trefi fel y Rhyl a Phrestatyn a'r plwyfi ar ochr ddwyreiniol afon Clwyd, ac mae'n esgyn i gyfartaledd rhwng 40% a 60% o boblogaeth trefi Dinbych a Rhuthun a phlwyfi Iâl ac ucheldir y gogledd-ddwyrain. Mae nifer o blwyfi ar ochr orllewinol Rhuthun a rhai rhwng Rhuthun a Chorwen gyda rhwng 60% a 80% o'u pobl yn medru'r iaith. Erys nifer fechan o gymunedau gyda dros 80% o'r boblogaeth yn siarad Cymraeg, sef Llandrillo, Cynwyd, Betws Gwerful Goch, Gwyddelwern, Llanelidan, Cyffylliog a Llanrhaeadr.

Ni phallodd Sir Ddinbych yn ei chyfraniad i'r diwylliant Cymraeg a Chymreig. Yn yr arweinlyfr hwn ni chyfeiriwyd at ein henwogion cyfoes, ond mae toreth ohonynt ym myd llên, dysg, y celfyddydau, y cyfryngau, gwleidyddiaeth a chrefydd. Fel arwydd yn unig o faint cyfraniad y sir i lenyddiaeth Gymraeg edrycher ar enillwyr prif wobrwyon yr Eisteddfod Genedlaethol ers 1950 i weld faint ohonynt sydd, neu a fu, yn byw yn y sir, yn frodorion a 'phobl ddwad' fel ei gilydd : Mathonwy Hughes, Tilsli, Dafydd Owen, Aled Rhys Wiliam, Robin Llwyd ap Owain, Gwenallt Llwyd Ifan, Rhiannon Davies Jones, T. Wilson Evans, John Idris Owen – a chofier i

Cyfres Broydd Cymru

Gwilym R. Jones ennill y dair brif wobr yn hanner cyntaf yr ugeinfed ganrif! Ac ym mlwyddyn gyntaf yr unfed ganrif ar hugain, mae Sir Ddinbych yn estyn croeso i'r Eisteddfod Genedlaethol.

Sir Ddinbych

DIWYLLIANT A HAMDDEN

Amgueddfeydd ac Orielau

Castell Bodelwyddan
(01745) 584060

Llyfrgell Dinbych
(01745) 816313

Y Ganolfan Grefftau, Rhuthun
(01824) 704774

Y Pafiliwn Cydwladol Brenhinol, Llangollen
(01978) 860111

Amgueddfa Foduron, Llangollen
(01978) 860324

Ysgol Fictoraidd, Llangollen
Cysyllter â Chanolfan Dwristaidd y Dref (01978) 860828

Arddangosfa Trenau Bach a Chelfi Doctor Who, Llangollen
(01978) 860584

Treftadaeth a Chefn Gwlad

Canolfan Cefn Gwlad, Loggerheads
(01352) 810614

Carchar Rhuthun
(01824) 708250

Plas Newydd, Llangollen
(01978) 861314

Canolfan Llyn Brenig
(01492) 420463

Rheilffordd Llangollen
(01978) 860979

Safleoedd CADW

Castell Rhuddlan
(01745) 590777

Castell Dinbych
(01745) 813385

Abaty Glyn-y-groes
(01978) 860326

Theatrau

Theatr Newydd y Pafiliwn, Y Rhyl
(01745) 330000

Y Theatr Fach, Y Rhyl
(01745) 342229

Theatr Twm o'r Nant, Dinbych
(Gweler yr hysbysfwrdd am fanylion perfformiadau)

Theatr John Ambrose, Rhuthun
Cysyllter ag Ysgol Brynhyfryd
(01824) 703933

Addysg Gydol Oes

Popeth Cymraeg, Canolfan Iaith Clwyd, Dinbych
(01745) 812287

Coleg Llysfasi
(01978) 790263

Coleg y Rhyl (Llandrillo)
(01745) 354797

Coleg Dinbych (Llandrillo)
(Heb agor eto)

Canolfannau Hamdden

Corwen
(01490) 412600

Dinbych
(01745) 816311

Llangollen
(01978) 861830

Prestatyn
(01745) 855632

Prestatyn – Canolfan Nova
(01745) 888021

Y Rhyl
(01745) 703880

Rhuthun
(01824) 703880

Llanelwy
(01745) 583368

Canolfannau Gwybodaeth i Ymwelwyr

Y Rhyl
(01745) 355068 / 344515

Rhuthun
(01824) 703992

Prestatyn
(01745) 889092 – Ebrill i Fedi yn unig

Llangollen
(01978) 860828

LLYFRYDDIAETH FER

ap Emlyn, Hedd – *Traddodiad Eisteddfodol Clwyd*, Yr Wyddgrug 1985.
Bowen, Geraint (gol.) – *Atlas Meirionnydd*, Y Bala 1974?
Davis, William – *Handbook for the Vale of Clwyd*, Rhuthun 1856 (Yr Wyddgrug 1988).
Ellis, T.I. – *Crwydro Meirionnydd*, Llandybïe, 1954.
Ellis, T.I. – *Crwydro Sir y Fflint*, Llandybïe 1959.
Evans, Owen – *Dinbych yn ei Hynafiaeth a'i Henwogion*, Dinbych 1907.
Evans, R.H. (gol.) – *Hanes Henadurieth Dyffryn Clwyd*, Dinbych 1986.
Griffiths, J.H. – *Parish of Rhyl: a brief history of the parish and the parish church*, Y Rhyl 1999.
Harris, D.W. – *History of Prestatyn*, Rhuddlan 1989.
Howe, Marjorie – *Old Rhyl*, Y Rhyl 2000 (argraffiad newydd o The Commissioners of Rhyl)
Hubbard, Edward – *The Buildings of Wales: Clwyd*, Harmondsworth/Caerdydd 1986.
Hughes, H. Ellis – *Eminent Men of Denbighshire*, Lerpwl 1946.
Jones, Colin – *The Springtime of Rhyl*, Y Rhyl 1999.
Jones, Frank Price – *Crwydro Dwyrain Dinbych*, Llandybïe 1961.
Jones, Frank Price – *Crwydro Gorllewin Dinbych*, Llandybïe 1969.
Jones, Frank Price – *The Story of Denbighshire through its Castles*, Dinbych 1952.
Jones, J. Idwal – *An Atlas of Denbighshire*, Rhuthun 1950.
Kightly, Charles (gol. Brindle, Carolyn) – *Mwynhewch Sir Ddinbych Ganoloesol/ Enjoy Medieval Denbighshire*, Rhuthun 2000.
Manley, John; Grenter, Stephen; Gale, Fiona, (goln.) – *The Archaeology of Clwyd*, Yr Wyddgug 1991.
Owen, Elias – *Old Stone Crosses of the Vale of Clwyd*, Llundain, Croesoswallt a Wrecsam 1886 (ail argraffiad: Yr Wyddgrug 1995).
Powel, Nia M.W. – *Dyffryn Clwyd in the Time of Elizabeth I*, Rhuthun 1991.
Roberts, Dewi – *The Old Villages of Denbighshire and Flintshire*, Llanrwst 1999.
Roberts, Enid – *Dyffryn Clwyd a'r Cyffiniau Bum Can Mlynedd yn ôl*, Y Rhyl 1985.
Roberts, Enid – *Tai Uchelwyr y Beirdd 1350-1650*, Caernarfon 1986.
Williams, A.H. – *The Early History of Denbighshire: An Outline*, Caerdydd 1950.
Williams, C.R. (gol) – *Flintshire: A History for Schools*, Dinbych 1961.
Williams, John – *Ancient and Modern Denbigh*, Dinbych 1856.
Williams, John – *The Records of Denbigh and its Lordship*, Wrecsam 1860.
Winterbottom, Derek – *The Vale of Clwyd: A Short History*, Dinbych 1982.

Mynegai

Abaty Glyn-y-groes .13,16,21,47,49,69,101
Ablett, Joseph 84
Afon Dyfrdwy 7,11,31,47,48,53
Afon Elwy 9,17,19,29
Bachegraig 25,36,61
Bachymbyd 62,91,92
Baddondy Rhufeinig 11,52
Benlli Gawr 29
Bodelwyddan 60,62,63
Bodfari 7,11,60,86
Bodidris 25,27,83,94
Botryddan 51,64,81
Brodordy Dinbych 22
Brodordy'r Carmeliaid 34
Bryn Eglwys 61,87
Bryn Tirion 85
Brynbella 97
Bwrdd y Tri Arglwydd 87
Cadwaladr, Ellis 86
Caer Drewyn 45
Capel Lôn Swan 38
Capel Mawr, Y 37,39
Capel Pendref 34
Capel Rug 45,92
Capel St Thomas 40
Capel y Dyffryn 86
Capel y Gloch 88
Carw Gwyn, Y 31,32
Castell Bodelwyddan 60,101
Castell Dinas Brân 13,47,49,66
Castell Dinbych 14,15,22,76,92,101
Castell Gyrn 68
Castell Rhuddlan 14,53,64,67,101
Castell Rhuthun 15,53,84
Cefn Bithel 86,87
Cefn Meiriadog 9,17,61,62
Cerrigydrudion 29
Charles, Edward, Siamas Wynedd 63
Clawdd Offa 12,51
Clawddnewydd 31
Clocaenog 12,62
Clough, Rhisiart 25,26,35,36
Cofeb John Parry 83
Cofeb Tŷ Modlen 86,87
Coleg St Beuno 97
Conway, Syr John 64,81
Corwen 7,11,43,45,61,63,81,92,102

Croes Elise 16,49,68
Croes y Derwen 17
Crog Waredog Tremeirchion 16
Cwm 56,63,95
Cynwyd 7,63,81,99
Dafydd ab Ieuan ab Einion 86
Dafydd ap Gruffudd 13-15,33
Dafydd Ddu o Hiraddug 64,97
Dafydd Glyn Dyfrdwy 81
Daniel, John Edward 60
Davies, John, Mallwyd 88,95
Davies, Mutton 96
Davies, Richard 20,21,62,96
Davies, Robert 96
Davies, Robert, Bardd Nantglyn 94
Deddf Uno 12,15,33,40,82
Derwen 12,17,27,64
Dinbych 11-14,20,22,25-27,33,
  35-42,43,46,47,50,53,62,64,70,
  90,91,94-96,98,99,101-103
Diserth 11,51,64,97
Dolbelydr 25,26,96
Dudley, Robert 33,34
Dyffryn Clwyd 7,11-14,15,17,25,
  27-29,33,35,43,58,60,76,83,84,
  86,91,94,95,97,98,103
Edeirnion 7,12,31,32,43
Edward I 13-15,19,21,33,43,48,53,82
Edwards, Thomas 35-37
Eglwys Bodelwyddan 72
Eglwys Collen Sant, Llangollen 78
Eglwys Corpus Christi 65,81,97
Eglwys Corwen 77
Eglwys Dewi Sant 39
Eglwys Fair a St Cynfarch 88
Eglwys Fair, Derwen 64
Eglwys Fair, Rhuddlan 53
Eglwys Gadeiriol Llanelwy ..19,21,34,62,69
Eglwys Iarll Caerlŷr 33,34
Eglwys Llanarmon-yn-Iâl 71,85
Eglwys Llangar 74
Eglwys Llanrhaeadr-yng-Nghinmeirch 73
Eglwys St Collen 49,50
Eglwys St Cwyfan 64,89
Eglwys St Cwyfan a Ffraid 64
Eglwys St Cyndeyn ac Asaff 46
Eglwys St Cynhafal 90
Eglwys St Dyfnog 90
Eglwys St Elidan 87

Sir Ddinbych

Eglwys St Foddhyd	62
Eglwys St Garmon	83
Eglwys St Ilar	34,37
Eglwys St Joseff	34
Eglwys St Mael a Sulien	45
Eglwys St Melyd	52
Eglwys St Pedr	53,54,84
Eglwys St Pedr a'r Clos	54
Eglwys St Sadwm	82
Eglwys St Saeran	92
Eglwys St Tegla	85
Eglwys St Tyrnog	86
Eglwys St Tysilio	61
Eglwys Wen	27,34-36,80
Eglwys y Drindod, Y Rhyl	58
Eglwys yr Holl Saint	32,89
Esgob Llanelwy	20-22,46,57,62
Faenol Fawr, Y	26,60
Fforest Clocaenog	62
Ffynnon Ddyfnog	17,91
Ffynnon Fair, Cefn Meiriadog	17,61
Ffynnon Fair, Dyffryn Clwyd	77
Ffynnon Sarah	17
Ffynnon Tegla	85
Fisher, Canon John	62
Foulkes, Isaac, Llyfrbryf	88
Foulkes, Thomas	86
Foxhall	82
Foxhall Newydd	82
Fuwch Frech, Y	31
Gallt Melyd	51,52
Gee, Thomas	37-40,82
Gellifor	81
Glan Hesbin	87
Glyndyfrdwy	7,43,81
Glyn-y-groes	16,21,47,49,83,101
Goodman, Gabriel	21,54-56
Griffith, John, Y Gohebydd	50
Griffiths, David, Clwydfardd	37
Gruffudd ap Ieuan ap Llywelyn Fychan	96
Gruffudd Hiraethog	50
Gruffudd Maelor II	13
Gweirydd ap Rhys	38
Gwernigron	60
Gwyddelwern	81,82,87,99
Hemans, Felicia Dorothea	37,47
Henllan	25,82
Heulfan y Rhyl	91
Holland, Hugh	36
Huail Fab Caw	31
Hughes, David, Eos Iâl	63
Hughes, Jonathan	43,50
Hughes, Mathonwy	41,99
Humphreys, Rhobert, Rhagad	61
Hywel Cilan	85
Ieuan Was Badrig	29
Iolo Goch	35,43
Jones, Edward	63
Jones, Edward, Bathafarn	56,57
Jones, Edward, Iorwerth Goes Hir	81
Jones, Edward, Maes y Plwm	91,94
Jones, Frank Price	42,94,96
Jones, Geraint Vaughan	41
Jones, Gwilym Richard, Gwilym R.	41,100
Jones, Hugh, Maesglasau	82
Jones, John Edward, (J.E.)	92
Jones, John Puleston	84
Jones, Richard, Berwyn	81
Jones, Robert Ambrose, Emrys ap Iwan	40,56,95
Jones, Robert Tudur, Dr Tudur	59
Jones, Syr Thomas Artemus	40
Jones, Thomas	46
Jones, Thomas Gwynn	40
Jones, Thomas, Taliesin o Eifion	50,51
Jones, Thomas, Y Bardd Cloff	91
Jones, Thomas, Yr Ecseismon	63
Jones, William	63
Jones, William, Ehedydd Iâl	64
Lewis ab Edward, Lewis Meirchion	60
Lhuyd, Humphrey	20,35,36,60,61,82
Llanarmon-yn-Iâl	9,64,83
Llanbedr Dyffryn Clwyd	10,29,82,91
Llandegla	7,9,13,25,83
Llandrillo	7,9,61,85,99,101,102
Llandyrnog	35,86,87,99
Llanelidan	87,99
Llanelwy	7,9,11,19-22,26,29,34,37, 39,43,46,47,57,62,69,99,102
Llanfair Dyffryn Clwyd	27,88,89,95
Llanfwrog	89
Llangar	31,32,89
Llangollen	7,13,16,21,47-52,70, 91,98,99,101,102
Llangwyfan	89,90
Llangynhafal	29,48,90
Llannerch Hall, Trefnant	78
Llanrhaeadr	17,27,29,84,91,94,99

105

Cyfres Broydd Cymru

Llanrhaeadr-ym-Mochnant	20
Llanrhaeadr-yng-Nghinmeirch	90
Llanrhudd	53,56,57
Llantysilio	91,92
Llanynys	17,92
Lloyd, Howel William	61
Llwyd y Cap	30,31
Llwyd, Angharad	22,58,59
Llwyd, Edward	16,26,87
Llwyd, Robert	87
Llygad Gŵr	61,85
Llyn Brenig	9,85
Llys Gwenllian	13,33
Llysfasi	78,83,85
Madocks, William Alexander	37,38
Madog ap Gruffudd	21,22
Maelgwn Gwynedd	19,29
Melin-y-Wig	92
Meyrick, Edmund	45
Modrwy Nest	29
Moel Arthur	7,10,65
Moel Fama	7,10,65
Moelydd Clwyd	7,10,76,90
Morgan, George Osborne	92
Morgan, William	20,21,56,57,61,63,88
Morris, Roger, Coed-y-Talwrn	88
Myddleton, Syr Hugh	36
Myddleton, Syr Thomas	35,36
Nantglyn	43,89,93
Neuadd y Sir, Rhuthun	55
Ogof Bontnewydd	9
Owain Glyndŵr	15,20,22,43,45,54, 61,81,85,87
Owain Gwynedd	13,51
Owen, Matthew	89
Parc Gwledig Loggerheads	75
Parry, Ann, Bryn Mulan	94
Parry, John	38,83
Parry, John Orlando	37
Parry, John, Bardd Alaw	37
Parry, Richard, Esgob Richard Parry	20, 21,27,56,63,88,95
Pentrecelyn	94
Perthewig	96
Plas Ashpool	86
Plas Clough	26,36
Plas Llanrhaeadr	27,91
Plas Nantclwyd	87
Plas Newydd	49,101
Plas y Ward	27,28,95
Plas-yn-Llan	90
Pont Carrog	73
Pont ddŵr Froncysyllte	79
Porth Castell Dinbych	67
Powell, Dr David	61
Prestatyn	11,12,51,52,71,100,102,103
Prion	30,43,91,94
Pryse, Robert John	38
Pugh, Edward	57
Pughe, William Owen	84,93,97
Pwllcallod	95
Pwll-glas	57,63,94
Pwllygrawys, Dinbych	80
Pwllhalog	27,63
Rhewl	27,28,56,94,95
Rhuddlan	7,9,14,19,43,52,53,57,58, 64,101,103
Rhyl, Y	7,9,47,57-59,62,72,99,101-103
Rhys Bwting	52
Rhys Goch Glyndyfrdwy	81
Roberts, Edward Stanton	81
Roberts, John, (1775-1829)	97
Roberts, John, (1807-1876)	82
Roberts, John, Alaw Elwy, Telynor Cymru	94
Roberts, Kate	40
Roberts, Peter	62,84
Roberts, Robert	96
Roberts, Robert, Y Sgolor Mawr	63
Rowland, Robert David, 'Anthropos'	46
Salesbury, William	20,21,50,62,81
Salisbury, Thomas	62
Salusbury, Thomas, 'John Parry'	45
Samuel, Edward	89
Samwell, David, Dafydd Ddu Feddyg	89,93
Sant Asaff	19
Senedd-dy Rhuddlan	53
Sgwâr St Pedr	54-56
Simwnt Fychan	25,28,45,50,56,88,95
Smyth, Rhosier	47
Stanley, Syr Henry Morton	39
Stryd Clwyd, Rhuthun	55,56
Stryd y Farchnad, Rhuthun	56
Stryd y Ffynnon, Rhuthun	55
Tafarn Llindir, Henllan	74
Theatr Twm o'r Nant	34,101
Thelwall, Teulu, Plas-y-Ward	95
Thomas ab Ifan, Hendreforfudd	45

Sir Ddinbych

Thomas Jones o Ddinbych 35,37-39, 42,84,94
Thomas, Archddiacon David Richard 62
Tilsley, Gwilym Richard, Tilsli 52
Tŷ Nantclwyd 55
Tomen Owain Glyndŵr 61
Tomen y Faerdref 83
Tomen y Rhodwydd 7,13,66
Trefnant 25,95,96
Tremeirchion 9,16,25,97
Tudur Aled 22,40,50,83,96
Tudur, Siôn 25,26,50,62
Twm o'r Nant 35,36,43,57,80,101
Ty'n y Rhyl 58
Williams, Edward 60
Williams, John, Ab Ithel 90
Williams, John, Glanmor 39
Williams, Syr William 60
Williams, W.S. Gwynn,Gwynn o'r Llan 51
Williams, William, Caledfryn 38
Wynne, Edward 82
Wynne, Robert 81,82,84,91
Yr Eglwys Farmor 60
Yr Hen Garchar, Rhuthun 56
Ysbyty H.M. Stanley 47
Ysbyty Llangwyfan 90
Ysgol Dewi Sant 58
Ysgol Glan Clwyd 47,58
Ystrad Owain 13,33